漫话元宇宙

夏立　　HICOOL 创业孵化　著
　　　　赋雅传媒

电子工业出版社
Publishing House of Electronics Industry
北京·BEIJING

图书在版编目（CIP）数据

漫话元宇宙 / 夏立，HICOOL创业孵化，赋雅传媒著. —— 北京：电子工业出版社，2023.5

ISBN 978-7-121-45389-2

Ⅰ. ①漫… Ⅱ. ①夏… ②H… ③赋… Ⅲ. ①信息经济 Ⅳ. ①F49

中国国家版本馆CIP数据核字（2023）第061930号

责任编辑：孔祥飞

印　　刷：天津千鹤文化传播有限公司

装　　订：天津千鹤文化传播有限公司

出版发行：电子工业出版社

　　　　　北京市海淀区万寿路173信箱　　邮编：100036

开　　本：720×1000　1/16　印张：11.5　字数：239.2千字

版　　次：2023年5月第1版

印　　次：2023年5月第1次印刷

定　　价：69.00元

凡所购买电子工业出版社图书有缺损问题，请向购买书店调换。若书店售缺，请与本社发行部联系，联系及邮购电话：（010）88254888，88258888。

质量投诉请发邮件至 zlts@phei.com.cn，盗版侵权举报请发邮件至dbqq@phei.com.cn。

本书咨询联系方式：（010）88254161~88254167转1897。

前言

    元宇宙是一个面向未来的词汇，由于这一概念的复杂性和模糊性，现在的我们很难准确且严格地为其下定义，讨论元宇宙变得很困难。

    就像通过解释 TCP/IP 协议来定义互联网对于大多数人是没有帮助的，如果用这种方式来定义元宇宙，那么我们只能将其视为互联网的 3D 版本。

    既然无法做出一个准确的定义，那么我们尝试尽可能全面地阐述元宇宙。

    于是，我们用"漫话"的形式来探索元宇宙，在此特别感谢本书插画绘者铅笔动画的梁骞予和管天浩，以及可爱的动漫 IP 形象"小菜鸡"。

    跟随"小菜鸡"，我们在本书 PART 01 解读了热点事件并了解元宇宙的关键词，在 PART 02 探讨元宇宙得以实现的技术土壤，在 PART 03 展望我们将如何在元宇宙中生存，在 PART 04 从代表性应用看现阶段元宇宙实现程度，在 PART 05 梳理了元宇宙在中国的发展和趋势。

    元宇宙是继大型计算、个人计算和移动计算之后的第四次计算浪潮，即环境与计算融合，环境计算让人进入计算机内部，而不是访问计算机。PC 互联网时代我们偶尔"上网"，移动互联网时代我们时常"在线"，元宇宙时代我们始终"在场"。

    我们持着乐观的态度，因为元宇宙虚实相生的世界不可避免将会到来，所以我们也要努力避开元宇宙可能带来的负面影响，这就需要更多的人了解元宇宙，并参与到元宇宙的建设中，这也是本书的目标。

    这是一本在团队协作下共同完成的作品，感谢电子工业出版社的支持、清华大学 x-lab 夏立老师的指导，以及本书文字作者清华大学新闻与传播学院狮刀和徐浩原的认真写作。

序言

2021年被称作元宇宙元年,被称为元宇宙第一股的罗布乐思(Roblox)正式在纽交所上市,美国社交媒体巨头脸书(Facebook)宣布更名为Meta;从事相关软硬件技术的开发公司、下一代互联网创新型企业、各大传统互联网公司,都争先恐后地加入了元宇宙的赛道。元宇宙这一词汇也不断出现在各种新闻、财经、娱乐和短视频博主的字里行间,内容涉及技术、场景、哲学和人类未来愿景,几乎所有人都在谈论元宇宙,但对于许多人而言,元宇宙依然是一个虚无缥缈的概念。

2022年上半年开始,我给清华经管学院的EMBA、MBA,以及一些高管教育的学生开设了元宇宙的相关课程或者讲座,更多是从经济学原理及应用场景来帮助传统企业家了解和拥抱这次商业变革。然而,在企业家对元宇宙充满了期待并准备大干一场的同时,很多普通大众仍在怀疑元宇宙是否又是一个高科技企业用来欺骗公众的概念,或者是一个"割韭菜"的工具。

人类每一次技术革新都会带来阵痛和冲突,但用户都会在缓慢的体验中不知不觉开始接受新概念和新技术。本书以漫画的形式,以一种舒缓的方式娓娓道来元宇宙的发展历程和技术的更新,让普通大众跟着书中的漫画人物"小菜鸡"一起学习和体验元宇宙,拉近新概念、新技术和大众的距离,可爱的卡通形象能够更加吸引读者,这可能比那些枯燥的技术词汇更让人愉悦。

我希望本书能够为读者带来不一样的体验,也祝愿清华x-lab能够从多个维度为清华的创新创业团队带来更多的帮助。

清华大学经管学院副院长、金融系主任

何平 教授

推荐序

　　这本书是我看过最有趣、易懂且内容扎实的元宇宙图书。区别于很多教科书式的理论普及图书，这本书没有堆砌晦涩的专业词汇，而是用可爱的卡通人物和一个个小的故事场景，把我们带入元宇宙的精彩世界，让我们了解到元宇宙的发展历程和其中的技术创新。无论你是否为元宇宙领域的从业者，无论你处于什么年龄阶段，这本书都能让你轻松感知元宇宙的无限可能。

英诺天使基金合伙人、中关村天使投资协会副会长　王晟

　　138亿年前，大爆炸创造了我们生存的现实宇宙。跨入21世纪，人类逐渐接触到虚拟现实，并且想在虚拟现实里创造一个属于我们自己的宇宙——这就是元宇宙吧！本书没有教条式的说教，而是另辟蹊径，采用漫画的形式，从元宇宙的本质特征出发，以易读、有趣的方式，诠释了元宇宙的历史演变、技术原理、应用场景和人文意义等，这一点尤为可贵。这本书不仅适合忙里偷闲的青年，也适合茁壮成长的少年，还适合知足常乐的老年人。正如我一直坚定相信小派的VR头显会为人类进入元宇宙提供硬件上的帮助，我相信这本《漫话元宇宙》也会为我们了解元宇宙提供信息上的帮助。

小派科技创始人、董事长　翁志彬

元宇宙是大数据、区块链、人工智能、数字孪生、物联网、XR 应用等复杂技术系统应用形成的虚实共生的新社会形态，将对经济社会带来深远的影响。但由于技术本身的复杂性和多样性导致绝大多数读者不容易理解元宇宙的真正内涵，甚至可能被误导。本书采用漫画的形式，通过简洁的语言让读者在轻松的氛围中掌握元宇宙是什么，元宇宙的基本技术有哪些，元宇宙将改变什么，以及元宇宙中我们的发展机会等信息。让读者较快掌握元宇宙的核心内容，本书读来轻松愉快，不忍释手！

中国移动通信联合会元宇宙产业委员会副主任　赵永新

元宇宙是一个与我们平行且有交汇的数字世界，基于元宇宙的各种底层支撑技术，未来人们生活的世界将延伸出更多的可能性。但是对于元宇宙这个词，人们一听总是很疑惑，它具体是个啥？是体验、游戏，还是一项技术？本书针对元宇宙进行了漫画式解读，基本上从元宇宙的底层技术创新、带来的生活变革到当前元宇宙实践，娓娓道来元宇宙的全域图景。如果你关注元宇宙，这是最快速且直白的科普书了。

科普自媒体博主　画小二

元宇宙是在数字化、智能化高度发展下虚实融合的下一代人类社会形式，这本《漫话元宇宙》以有趣、有料、有益的方式，通过卡通 IP"小菜鸡"的讲述与互动，给大家一块块、一层层展示了这个全新社会形态的动人之处。

优实资本董事长 元宇宙图书《元宇宙通证》《元宇宙与碳中和》《元宇宙力》作者　邢杰

本书以风趣的语言、幽默的配图，把元宇宙这个很难用三言两语说清楚的概念，生动地剥开揉碎展现给读者，而且书中提到的点也正是大众想知道的基础知识和应用案例。打开这本书正如踏上了元宇宙的征途，能够沉浸在作者的叙事方式中。随着数字产品的不断丰富，元宇宙的时代也将更看重"体验"，并赋予我们每个人新的身份。我们可以确定，元宇宙不仅仅意味着新的平台、新的产品，更意味着一个新时代的到来。

飞扬集团（1901.HK）创始人、董事长　何斌锋

PART 01 元宇宙的基础概念

元宇宙这个词是谁发明的 ·············014

元宇宙的入口是什么 ·············020

为什么Facebook改名了 ·············030

元宇宙第一股"Roblox"是做什么的 ···034

谁在元宇宙里赚到了第一桶金 ·······038

NFT快问快答 ·············042

VR、AR、MR、XR……那么多R，怎么区分 ·049

元宇宙来了，现实世界就没了 ·······054

为什么我们需要元宇宙 ·············057

PART 02 元宇宙的技术创新

元宇宙：5G远不够，6G在路上 ·······064

元宇宙+交互技术 ·············070

当元宇宙碰到人工智能 ·············078

元宇宙中，你怎么证明你是你 ·······082

开始造人吧 ·············086

Web 3.0，数字时代的"乌托邦" ·····092

目录

PART 03 元宇宙将改变什么

元宇宙里怎么吃・・・・・・・・・・・098

元宇宙里怎么买买买・・・・・・・・103

元宇宙里怎么学习・・・・・・・・・108

元宇宙里怎么上班・・・・・・・・・112

元宇宙里怎么出门玩・・・・・・・・118

元宇宙里怎么谈恋爱・・・・・・・・122

元宇宙里怎么创作・・・・・・・・・128

PART 04 元宇宙能够做什么

虚实连接的入口——XR设备 ・・・・・・・136

元宇宙的第一批居住者会是谁・・・・・・・141

从VRChat看社交：元宇宙入口的雏形・・・145

从Roblox看"玩着也把钱赚了"・・・・・149

从Workrooms看打工人 ・・・・・・・・153

从OpenSea看NFT ・・・・・・・・・157

从汽车数据共享看元宇宙生产资料流通・・・162

如果元宇宙是"汽车"，你还要坐马车吗・・・167

PART 05 元宇宙在中国

参考资料・・・・・・・・・・・・178

人物介绍

小蘑鸡

不知道从什么时候开始小蘑鸡就变成了元宇宙的专家，她真的很懂！现在报课还有优惠！

小菜鸡

他以为元宇宙是某种零食才来的课堂。
…………
不知道他为什么现在还在这儿。

小辣鸡

唯一一个冲着学习来的好学生，她甚至还会记笔记！用两种颜色的那种！

他们来干吗？什么时候来的？

PART 01

元宇宙的
基础概念

元宇宙这个词是谁发明的

很久很久以前，我们的宇宙集聚了极高的能量，最终在一片大爆炸中诞生了。

随着温度逐渐降低、冷却，原子、原子核、分子复合成为气体，气体又凝聚成星云，星云进一步形成各种各样的恒星和星系，最终形成我们如今所看到的宇宙，这就是元宇宙的故事。

哎？不对，讲错了，重来。

元宇宙（Metaverse），是科幻作家尼尔·斯蒂芬森（Neal Stephenson）1992年在他的小说《雪崩》（*Snow Crash*）中首次提出的。

小说中"元宇宙"，是一个脱胎于现实世界，又和现实世界平行、相互影响，并且始终在线的虚拟世界。

在这个虚拟世界中，人们可以娱乐、社交、消费、创作、交易，还可以在不同场景中穿梭。

之后的 25 年，"元宇宙"这个词还只是停留在纸面上。2018 年《头号玩家》（Ready Player One）的上映，导演斯皮尔伯格用 VR 眼镜、游戏、虚拟世界等元素，刻画出了元宇宙应有的场景。

这个充满未来感的名词，在 2020 年的时候，从游戏公司罗布乐思（Roblox）的上市开始，从科幻世界一路杀进现实世界，从游戏圈闯到了投资圈、科技圈和传媒圈，伴随着全球最大社交软件公司脸书（Facebook）的官宣改名，也让全球随即都陷入了"元宇宙狂热"之中。

正如宇宙大爆炸之后，我们获得了生命的星尘，"元宇宙"的爆发也让我们获得了从硬件到软件、从技术到内容、从经济到社会的革新能量。

也正如从宇宙大爆炸到生命和文明的成熟，这经历了一个复杂的过程，"元宇宙"当前也同样面临着混沌、变化和未知。

但是，人类已经站到了全面进入三维时代的入口。新的宇宙开始了，它也将继续演化下去。

小说《雪崩》

　　《雪崩》作为虚拟现实的启蒙之作，影响了一代硅谷人。其作者尼尔可不是一般的小说家，而是一名妥妥的硬核学霸。他在波士顿大学学习过物理学和地理学，对数学、密码学、哲学、货币和科学史等都有所涉猎。

　　他不仅写小说，还写技术文献，还能给企业担任顾问，而这家公司就是大名鼎鼎的贝索斯的蓝色起源公司。更厉害的是，他担任的并不是商业咨询顾问，而是发展载人亚轨道发射系统的顾问。

电影《头号玩家》

　　2018 年上映的《头号玩家》被认为是诠释元宇宙概念的经典电影。《头号玩家》的背景设定在 2045 年，主角韦德（Wade）自小失去双亲，跟阿姨一起生活在贫民窟中。

　　通过 VR 头显进入虚拟世界之后，平凡的他在虚拟世界中大放光彩，并与伙伴一起解开谜题，最终打倒欲控制虚拟世界"绿洲"的反派，让虚拟世界回归创作者的初心。

游戏公司Roblox

它是第一个将"元宇宙"写进招股书的游戏企业，根据元宇宙概念上市公司 Roblox 的定义，元宇宙应具备身份、朋友、沉浸感、低延迟、多元化、随时随地、经济系统、文明八大要素。在 Roblox 中，玩家可以操纵类似乐高小人的角色穿梭到诸如射击、动作格斗、竞速、角色扮演等类型的游戏中，这些游戏可由玩家自主创建。

2021 年 3 月 10 日，Roblox 上市当天涨幅 54%，目前市值已达百亿美元。

社交软件公司Facebook改名

2021 年 10 月 28 日，社交媒体巨头 Facebook 宣布改名为 Meta，聚焦于建立"元宇宙"，并表示这将是移动互联网的后继发展趋势。2014 年 3 月，Facebook 就以 20 亿美元收购了 Oculus VR，后者因针对游戏设计的 Oculus Rift 头戴设备而闻名。根据 2021 年第一季度的出货量数据统计，Oculus Quest 2 的推出帮助 Meta 公司占据了 75% 以上的市场份额。

元宇宙的入口是什么

在聊元宇宙之前，我先说一个故事。

有一位年轻的商人，叫丹·伯克，他在纽约遇到了一位教授，这位教授开发了一种奇特的设备：看起来像防毒面具，但集成了眼镜。

伯克戴上这个眼镜后，进入了一个叫 Paracosma 的地方，很快完全忘记了周围的现实世界。

在这个虚拟的天堂中，伯克还和一个名叫伽拉忒亚的精灵相遇，并与她坠入爱河。

就像中国神话故事里"天上一天，地上一年"一样，男主角以为自己和仙女在一起待了好几天，但实际上只有几个小时。

这个名叫《皮格马利翁的眼镜》的故事，写于 1935 年，故事虽然很俗套，但是小说家所想象出来的这个眼镜正在逐渐成为现实。

也正如小说所描述，如今通往元宇宙的入口，正是一副眼镜。

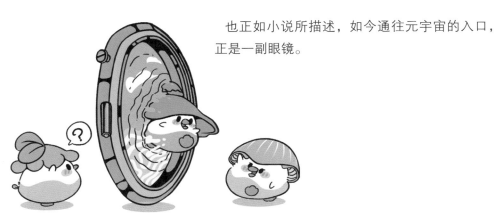

2012 年，VR 眼镜设备 Oculus Rift 横空出世，让人们看到了 VR 的商业价值，并引发了 VR 的新纪元。

2014 年，Oculus 的创始人、年仅 22 岁的 Palmer Luckey 以 20 亿美元的天价，把仅成立两年的 Oculus 卖给了 Meta（也就是 Facebook），创下了造富神话。

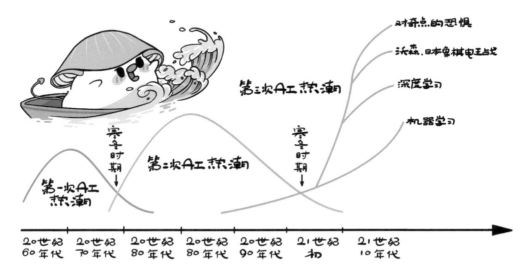

一时间，几乎所有的国际巨头都参与了 VR/AR 的投资：除了 Facebook 收购 Oculus，三星也推出了 Gear VR，谷歌领投 Magic Leap 并推出 Daydream 平台，微软推出 HoloLens，索尼发布 PS VR，HTC 力推 HTC Vive。

这股风也很快刮到了中国，从 BAT 到小厂，纷纷挤进这条赛道中。

人们对于虚拟现实世界的幻想和向往在 2016 年达到了高潮。

但随着不足百元的"VR 盒子"遍布深圳华强北，消费者尝鲜感过去之后，对 VR 的期待也不复存在。两年不到，"VR 热潮"就消退了，资本离场，有的公司解散了 VR 事业部，有的公司直接倒闭。

具体来说，是有"绕不开的纱窗效应"；二是"延迟问题造成眩晕感"。

所谓"纱窗效应"，是指那时候的 VR 产品，由于缺少足够的算力来实时渲染高清画面，导致分辨率不足，人眼会直接看到显示屏的像素点，这就好像隔着纱窗看东西一样。

所谓"眩晕感"，主要看MTP（Motion-to-Photon）时延，也就是端到端延迟，这个指标和眩晕感息息相关。VR对MTP时延要求通常以不高于20毫秒为目标，如果MTP时延不达标，用户就会觉得恶心。

但是在当时的技术发展水平下，"纱窗效应"和"眩晕感"之间在某种程度上存在"鱼和熊掌"的问题。也就是说，如果把分辨率提高，延时就更难控制，就更容易晕；如果想确保不晕，画质就完全无法保证了。

有人说，分辨率不重要，内容好就行了。

索尼曾经从内容方面进行尝试，试图"弯道超车"。比如，索尼允许开发者在VR 内容平台上提交自己的产品，还建立起了自己的 VR 生态：包括一个开发者门户、一个产品维基 Wiki 和一个 reddit 分论坛等在线资源。

索尼的内容战略也一度取得了成功：2017 年年中，索尼宣布，旗下 PlayStation VR 的销量已经超过 100 万部，这个销量数字已经超越了 HTC Vive（42 万部）和 Oculus Rift（24.3 万部）两位竞争对手的总和。

和过往的成功经验不同，索尼的内容大招这次却没有那么灵光了。到了 2020 年 Q2，根据 IDC 统计，全球 VR 头显出货量中排在第一的已经是 Facebook，占据了 38.7% 的份额，索尼以 21.9% 的份额掉到了第二。而在一体式 VR 上，IDC 最新数据显示 Facebook 的出货量更是远远超过其他所有品牌的总和。

拐点出现在 Facebook 推出了 Oculus Quest 2 一体机。

在 Oculus Quest 2 这款产品上，大家发现 2016 年那会儿"几乎不可能突破的瓶颈"好像都被一一攻克了。

第一，经过了摩尔定律的数次迭代，移动端芯片在算力上有大幅提升。高通为 VR/AR 等设备专门打造的骁龙 XR2 处理器，不仅成本更低，其 CPU 和 GPU 性能较前一代实现了翻倍。

因为技术的演进,晶片上晶体数量每隔18~24个月增加1倍,性能提升40%.

这也使得VR设备已进化到了一体机的形态，可以脱离计算机、游戏主机独立运行，而且基于 SLAM 技术的 Inside-out 定位技术，使得 VR 一体机可以摆脱 Valve 的灯塔（Light-house）定位系统，使用的便捷性和灵活性大大提高。摆脱了昂贵的游戏 PC、高端显卡和定位配件，用户的整体购置和使用成本也大幅下降。

SLAM: 同步定位与地图构建 (Simultaneous Localization And Mapping) 的缩写，主要用于解决移动机器人在未知环境中运行时的定位导航与地图构建问题。

SLAM 同步定位与地图构建
simultaneous Localization And Mapping

深度（Depth）

使用 SLAM 技术实现位置追踪后，就有了内向外追踪技术（Inside-out Tracking）方案，再加上外向内追踪技术（Outside-in Tracking）方案，这两种方案被简称为 Outside-in 和 Inside-out。

Outside-in：依靠各式外部追踪设备追踪人的头或手。无数先驱尝试过各种方式：磁力追踪、超声波追踪、惯性追踪和激光追踪等技术。

Outside-in 虽然有较高的准确度，但是外接设备的限制也很明显，例如：追踪物体远离传感器的测距或是被物体遮挡时，就无法获得位置信息；操作者不能随意离开传感器的有效监测区，也就限制了其自由活动范围。

部署 Outside-in 需要在房间内放置 2 个基站或 3 个摄像头，用来跟踪范围内玩家的动作，成本较高，但因为其原理简单，效果天生优势巨大。

PCVR 一般都采用 Outside-in 的方案，比如 Valve Index、HTC Vive 系列、小派 5K/8K 系列等。

Inside-Out: 依靠计算机的视觉算法实现对目标的追踪。具体到 VR 设备，则主要通过在 VR 头盔上安装摄像头，并让 VR 头盔可自己检测外部环境变化，借助计算机或算法芯片计算 VR 头盔的空间位置。

现在常用的 VR 一体机用的都是 Inside-Out，如：Oculus Quest2、Pico Neo、 小 派 Reality 系列等。

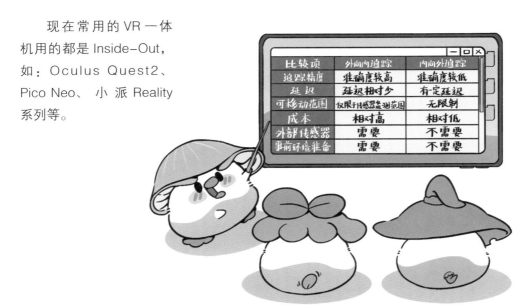

比较项	外向内追踪	内向外追踪
追踪精度	准确度较高	准确度较低
延迟	延迟相对少	有一定延迟
可移动范围	仅限于传感器监测范围	无限制
成本	相对高	相对低
外部传感器	需要	不需要
事前环境准备	需要	不需要

第二，分辨率决定了显示的清晰度，在这方面，4K 屏已经成为行业标配，国货之光小派科技甚至推出了 8K 头显，成为全球 VR 发烧友心目中的"来自东方的神秘力量"。这方面的提升就相当于视频从 VCD 时代进化到了 DVD 时代。

第三，刷新率决定了显示的流畅性。先前 VR 设备大多为 72Hz，而如今的 VR 设备大多为 90Hz，甚至 120Hz，某些高端PCVR头显设备甚至达到180Hz。换句话说，就是"不卡了"。

什么是刷新率？

显示器的刷新率是指显示器每秒绘制新图像的次数

刷新率的单位是赫兹 (Hz)。例如，一台显示器刷新率为 144 Hz，这是指它每秒钟会刷新图像 144 次。但由于显示器只能显示系统已经生成的图像，因此 CPU 和 GPU 能够迅速生成图像至关重要。比如说，显示器刷新率为 144 Hz，但 GPU 仅支持每秒 30 帧，那么刷新率再高也无用武之处。

所以只有当与 GPU 和 CPU 联合产生的高帧速率相结合时，刷新率才能够带来更流畅的体验。

总结下来，为了能够利用更高的刷新率，需要考虑的两个重要部分是：

1. 高刷新率的显示器。

2. 能够高速运行人工智能、物理引擎、交互逻辑和图像渲染等指令的高速处理器，包括 CPU 和 GPU。

Facebook 的全新商业模式也在逐步跑通：首先，Facebook 对硬件进行补贴提高用户基数，同时丰富内容以及完善生态。第二步，通过内容端提成，补贴硬件成本，形成"内容 + 硬件"的循环增长模式。

最后通过 Facebook 超强社交属性高效转化新用户，形成网络效应的自增强闭环。VR 已经从游戏人群"出圈"，快速扩张至社交、工作、视频、动漫等多个场景，成为新一代的通用个人计算平台的趋势已经隐然确立。

有人说，"蹭上"元宇宙，让 VR 硬件又"活"了。

恰恰说反了。

恰恰说反了是VR硬件卧薪尝胆终于突破了技术瓶颈，打开了元宇宙的大门。

3D 虚拟世界早已存在多年而且已经在全球拥有十亿级别的用户规模。

只不过，VR 硬件成熟之前，用户只能隔着 2D 的手机或者计算机屏幕"观看"这个虚拟世界。现在，借助于 VR 硬件，用户终于可以登堂入室，"进入"到这个奇妙的空间。

有了"人"的入住，"虚拟世界"才变成了"元宇宙"。

为什么 Facebook 改名了

Meta 这个词在 2021 年 10 月 28 日之前，只是个平平无奇的古希腊语，它有多层含义：既可以表示在中间，又可以表示变换，还可以表示超越。

但如今，这个词的含义只剩下了一个——"元"。

其身价也一跃高达 5000 亿美元，对应着世界上最大的社交网络集团——Facebook。

Facebook 把公司名称改为"Meta"，让元宇宙赛道在商业上进入了高潮。一瞬间，似乎"万物皆可元宇宙"。

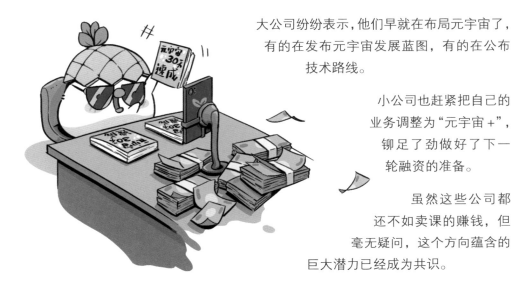

大公司纷纷表示，他们早就在布局元宇宙了，有的在发布元宇宙发展蓝图，有的在公布技术路线。

小公司也赶紧把自己的业务调整为"元宇宙+"，铆足了劲做好了下一轮融资的准备。

虽然这些公司都还不如卖课的赚钱，但毫无疑问，这个方向蕴含的巨大潜力已经成为共识。

但在 8 年前，当扎克伯格（Zuckberg）宣布花 20 亿美元（后来扎克伯格承认全部收购成本为 30 亿美元）收购 Oculus 的时候，市场可没现在那么热情。

那是 2014 年的 1 月，扎克伯格当时正在准备庆祝两个里程碑：自己 30 岁的生日和 Facebook 成立 10 周年。

这个时候的他，已经相继以 10 亿美元收购了只有 13 名员工的图片社交平台 Instagram，并以 190 亿美元收购了即时通信工具 WhatsApp，在社交帝国的地位已然不可撼动。

但他心里总是有些不安，移动互联网的繁荣还能持续多久？下一个伟大的计算平台是什么？智能手机之后是什么？

这时候，Oculus Rift 头显出现了。扎克伯格在办公室里第一次见到它的时候，感觉它就像个哑光色的黑砖头，又重又丑，看起来就是一款滑雪护目镜，还能把鼻梁都压塌的那种。

"这有什么神奇的？"扎克伯格心想，可是当他戴上头显之后，他发现办公室消失了，自己正身处一座荒废的城堡边上，雪花从空中飘落，无论他往哪里走，场景都会跟着他移动。忽然，他发现自己眼前出现了一个巨大的石像，正在不断喷出炙热的熔岩。

摘下头显之后，年仅22岁的Rift发明者Palmer Luckey站在一边问他：蓝色的药丸和红色的药丸，你选择哪一个？

扎克伯格下定了决心：这就是未来。

可以说，Meta是第一家坚定认为"元宇宙就是未来"的公司，并为此开始进行了长达七年的布局。

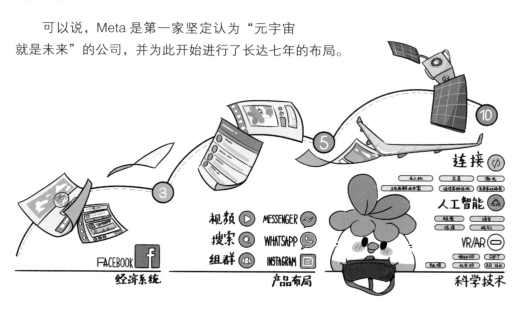

FACEBOOK

视频 ▶   MESSENGER ～
搜索 Q   WHATSAPP ☏
组群 ▣   INSTAGRAM 📷

连接 ∅
无人机 卫星 激光
太阳能制动方案 通信基础设施 网络组件布局

人工智能 ⬡
视觉 语音
内容 翻译

VR/AR ⊖
移动VR RIFT
触觉 社交VR AR技术

经济系统   产品布局   科学技术

但是元宇宙场景的构建，还只是个海市蜃楼。即使是巨头如 Meta，也面临着巨额亏损、市场看空、股价暴跌。

据其 2022 年第一季度的财报显示，Meta 的"元宇宙"部门 Reality Labs，2021 年的全年收入不到 23 亿美元，亏损更是高达 102 亿美元，光是在第四季度，亏损就高达 33 亿美元。

这只是个开始，Meta 表示，2022 年的经营亏损，应该还会"显著增加"。

但是如果能把科幻小说变成现实，就算一时半会儿赚不到钱又如何？这是 Meta 的赌注，也是 Meta 的信念。

更何况，已经有一家公司在无意中"打开"了元宇宙的大门，并掌握到了"财富密码"，率先给出了一盏指路灯。这家公司就是罗布乐思（Roblox）。

元宇宙 小课堂

—— \ 蓝色药丸和红色药丸 / ——

　　蓝色的药丸和红色的药丸，你选择哪一个？这是电影《黑客帝国》中的一个经典场景。红色药丸会告诉你真相，但或许真相是你难以接受的；蓝色药丸会让你忘记这一切，第二天像往常一样起床，但将永远不会接触到真相。当你感觉这个世界有点不对劲的时候，你会选择哪一个药丸？

元宇宙第一股 "Roblox" 是做什么的

"元宇宙"是个多么神奇的财富魔咒。

有一家公司仅仅是把这个词写进了招股书里，一上市就暴涨 54%；一年的时间，这家公司估值从 40 亿美元飙升到 450 亿美元；大约 95% 的 9 岁至 12 岁美国儿童都是这家公司的用户。而这家公司，已经连续亏损了好几年，直到今天都还没有盈利。

这家就是被称为"元宇宙第一股"的罗布乐思（Roblox）。

为什么会被称为"第一股"？答案有两个。

第一，从产品形态上来看，在罗布乐思中，每个人都有自己的数字身份来进行社交，可以自定义自己的发型、衣服等。当前，罗布乐思的收入几乎全部来自虚拟货币（也就是 Robux 货币）的销售收入。

你会说：这听起来，不就是 Q 币吗？有什么稀奇的？

但是 Robux 货币和 Q 币不一样的地方在于，你还可以在平台上赚 Robux 货币，更关键的是，还可以换成真的钱。

有一名罗布乐思用户从 9 岁开始就在平台上一边玩游戏、一边上传自己制作的游戏，在他 17 岁那年，这名"网瘾少年"终于凭借一款叫《越狱》的游戏爆火，赚了几百万美元。

还有一位 11 岁的小女孩，开发了一款宠物模拟游戏，直接让她赚到了 50 万美元。她干脆雇了十几个员工，组建起一家工作室，专门开发罗布乐思游戏。

根据罗布乐思自己的数据，光是 2020 年他们就支付了 2.5 亿美元给平台上的开发者，共计有 34 万人左右，这些开发者大部分都是未成年人。

除此之外，罗布乐思还支持 VR 设备，增强用户的沉浸感。这些要素和我们前面介绍元宇宙时的核心概念也有着相吻合的地方。因此，可以说罗布乐思是目前最接近"元宇宙"的平台了。

第二，罗布乐思是第一家把元宇宙这个词写进招股说明书里的公司。

很多人不理解这么做的意义。实际上，招股书是公司发行股票的时候需要向公众披露的信息，罗布乐思的这个举动终于把元宇宙概念带给了投资圈。

不仅把元宇宙写进招股书里，罗布乐思还率先给元宇宙下了一个定义：元宇宙应具备身份、朋友、沉浸、低延迟、多元化、随时随地、经济系统、文明八大要素。

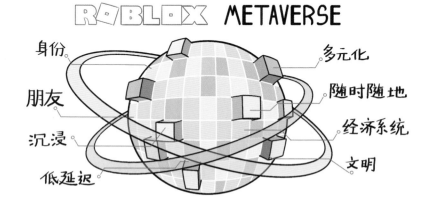

我们来看这些要素都代表了什么。

身份：意味着虚拟形象，或者说是第二人生。

朋友：意味着社交、下一代社交媒体。

沉浸：VR 沉浸体验、全真互联网。

低延迟：5G、云游戏，性能、功能的提升。

多元化：虚拟世界有超现实的自由和多样性。

随时随地：低门槛、高渗透率、多入口。

经济系统：与现实经济打通（币圈要出场了）。

文明：虚拟世界里有社会、规则、法度。

当然，这个定义并不满足 MECE 原则（Mutually Exclusive Collectively Exhaustive），即所谓"不重不漏"，是把一些事物分成互斥（ME）的类别，并且不遗漏其中任何一个（CE）的分类方法，所以到底能不能和元宇宙相提并论，就见仁见智了。

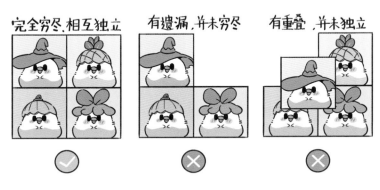

但率先定义需要勇气，直到现在，对于元宇宙都还没有被广泛认可的确切定义，人们对它的描述，还处在"比拼想象力"的阶段。每个行业也都有着对元宇宙自己的看法。

《游戏改变世界》这本书中有这样一段话：

"游戏，以现实世界做不到的方式教育我们、鼓励我们、打动我们，以现实世界实现不了的方式把我们联系在一起。"

元宇宙助力罗布乐思成功抵达纳斯达克，市值一路扶摇直上，但这是不是意味着做游戏就能最先从元宇宙中赚到钱了？没想到，真正赚到钱的，却是一群艺术家……

谁在元宇宙里赚到了第一桶金

2021 年开始，很多明星、名人在社交网络平台上的头像，要不变成了五颜六色的猩猩，要不成为"丑陋"的像素图。看着普通，却价值连城。

比如在 CryptoPunks 上一枚编号 3100 的像素头像，一度报价高达 35000 枚以太币（ETH），约合 9050 万美元。

再比如最先出厂价格只值 0.08 枚以太币（约合 320 美元）的无聊猿（BAYC），四个月后其 7990 编号被 NBA 球星史蒂芬·库里以 55 枚以太币（约合 18 万美元）买下，涨了近 600 倍。

也就是说，如果你在 2021 年 5 月能够在无聊猿 NFT 刚发布时投入 1 万，四个月后的身价怎么也有 600 万。

有人问，这几百万买下来的头像和我直接右击保存的图片有啥区别？

这就要说到 NFT 是什么了。

NFT 英文全称为 Non-Fungible Token，翻译成中文就是：非同质化通证，具有不可分割、不可替代、独一无二等特点。

要知道，在区块链上，数字加密货币分为原生币和通证两大类。

前者有大家熟悉的比特币、以太币等，拥有自己的主链，使用链上的交易来维护账本数据。通证呢，是依附现有的区块链，使用智能合约来进行账本的记录，如依附于以太坊上而发布的通证（Token）。

通证之中又可分为同质化和非同质化两种。

简单来说，虽然 NFT 叫"币"，但其实人家本质上是一个技术，不是一种币。

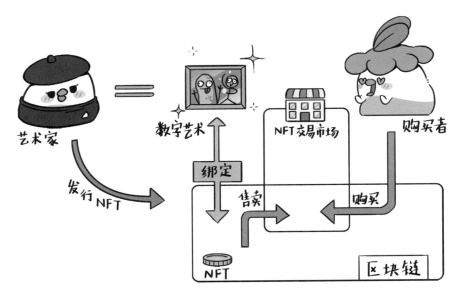

这个技术能用来做什么？

技术的进步往往都能促进新的生产力和生产关系的诞生。NFT 的出现最主要的作用是能够把一些原本无法定价的东西进行定价，而且为其背书的是整个区块链几乎无懈可击的算法逻辑。

所以，一个艺术品，不管它是图片也好、视频也好，都不等于 NFT。必须要把这个艺术品"区块链化"，也就是永久记录在区块链上，最后形成一份合约 (Contract)，这个合约就是 NFT 的"真身"。

总结下来，NFT 是通过区块链技术，给无形的、可无限复制的数字作品加上了"稀缺性"。

你看，这也揭开了 NFT 和元宇宙的关系。

元宇宙是一个纯粹数字化的虚拟世界，在这个虚拟世界里，数字资产在理论上是可以无限复制的，边际成本几乎为零。

但这就引发了一个很严重的问题：没有稀缺性了。

稀缺性有多重要呢？正是因为有稀缺性的存在，人们必须做出选择，要选取价值较高的选项，放弃价值较低的选项。那么在放弃了的选项中，拥有最高价值的一个，称为机会成本。在市场中，这个成本就是价格。

所以如果没有稀缺性，就没有了经济学。如果没有经济学，也就没有了文明发展的动力。

罗布乐思认为元宇宙中有八个重要元素，其中两个就是经济（Economy）系统和文明（Civility）。

正如明代有首打油诗所说：

> 终日奔波只为饥，方才一饱便思衣。
>
> 衣食两般皆俱足，又想娇容美貌妻。
>
> 娶得美妻生下子，恨无田地少根基。
>
> 买到田地多广阔，出入无船少马骑。
>
> 槽头扣了骡和马，叹无官职被人欺。
>
> 作了皇帝求仙术，更想登天跨鹤飞。
>
> 若要世人心里足，除是南柯一梦西。

这首诗虽是用来讽刺凡人不知足的生存追求，但纵观历史，不正是种种的"对周遭的不知足"，才能推动文明的发展么？

课后小练习答案

茅台如果变成有价值的 NFT 需要满足以下两点：

第一，茅台实物不能卖，只能卖虚拟的所有权，比如茅台上如果有编号就可以卖。

第二，这个茅台必须是公认的有独特意义的茅台，比如某个特殊年份出厂的第一瓶茅台。

NFT 快问快答

上一节我们讲了 NFT 的定义，你可能心里会有很多问号，这一节我们就来做个快问快答，把 NFT 的基础概念再复习一遍。

I. NFT可以挖矿挖出来吗

不可以，NFT 不是某一个项目的通证符号，而是基于区块链技术的一个最新的应用。如果说比特币、以太坊这些加密货币是用作交易用途的通证，那么，数字世界中的 NFT 就像对应了物理世界之中的收藏品的概念。

NFT 和以比特币为代表的加密货币的区别是：每个比特币都是一样的，你有的比特币和我有的比特币，没有区别，但是每一个NFT都对应一个独一无二的虚拟物品，所以每个 NFT 都是独一无二的，无法相互替代。

2. 那么NFT可以交易实物吗

很多人都以为可以用 NFT 交易实物收藏品就可以达到防伪保真的目的，这样想的人就是没有理解 NFT 的精髓。

如果是实物，就存在线下保存、验真、损耗甚至仿制的风险。所以 NFT 不是线下实物上链，而是从诞生之初就是虚拟的，从而干净利落地解决了实物上链中遇到的各种难题。解决问题最有效的办法就是消灭问题本身呀！

这就是为什么一个画家把自己的画烧掉，再把电子版作为 NFT 卖了 4 倍多的价格，因为只有电子版才能从本质上保证仅此一份，改变一个像素都不是原作了。

但是物理的原作在保存的过程中你如何能保证每个原子都不发生变化呢？而且，如果原作存在，就算你放在瑞士银行金库中，也无法从逻辑上彻底排除被调包的可能。

3. NFT可以像比特币那样分成1000份吗

不可以，前面说了每个 NFT 都对应一个独一无二无法复制的虚拟物品，并且不可分割，你可以持有 0.1 个比特币，却没法得到 0.1 个 NFT。这也就从根本上杜绝了 NFT 证券化的可能性。

不能拆分就能保证NFT不符合豪威测试（ Howey Test ）对证券的定义。换句话说，就能真正用来帮助创作者维护应有的权益，而不是被金融投机者炒作。其实，自从加密货币大火以来，美国证交会 (SEC) 就一直在调查 NFT 开发团队和市场是否违反了证券规则。

调查的初步结论是：如果 NFT 不被拆分，而是与独一无二的数字艺术品或其他物品相连接，从而充当基于区块链的所有权证书，那么这种 NFT 不太可能是证券。

但如果向大众提供可分拆的 NFT，并向其承诺提供流动性，目的是用来提高 NFT 的价值，则这种 NFT 就属于需要被监管的证券。

中国监管如何把握目前还没有相关的正式讨论，但是从国内市场的操作实践来看，中国的 NFT 数字藏品（主要是艺术品）还是以首次交易为主。

属性	NFT	BTC/ETH···
本质	非同质化通证	同质化通证
稀缺性	独一无二的	总量固定
分割	不可分割	可分割,如0.00000l个BTC
唯一性	有唯一的ID或基因	有无数一样的通证
举例	加密猫	BTC

4. 可以把自己画的画或视频拿上来卖吗

理论上当然可以，但是实操过程中，如果不满足以下几个条件，你的作品大概率是没人买的。

怎么没人买？

第一，你得是个有知名度的艺术家。

第二，你发布该项作品的渠道和方式是不可伪造的。

第三，该项作品没有对应的物理实物。

5. 风险在哪里

你可以想一下，在线下拍卖会买了一件自己喜欢的收藏品，风险在哪里？无非两方面，一个是真假问题，一个是贵贱问题。

NFT 利用区块链技术从逻辑上排除了真假问题，那么剩下的就是贵贱问题。说白了就可能头脑一热买贵了，将来不能升值。

所以不能抱着一夜暴富的投机心理去看 NFT。要在自己可承受的范围内、在自己认为合理的价位上、买到自己热爱的东西，才是玩 NFT 的精髓。真心喜欢是第一位的，升值保值排在其后。

想象一下，能拥有自己最心仪的 NBA 球星的某个精彩投篮瞬间的动图，能在球迷圈子里吹一辈子了吧！这种满足感怎么能用金钱的价值来度量呢？

6. NFT 怎么获得？

首先，NFT 依附于区块链，不同的 NFT 交易所是建立在不同的公链上的，所以首先你得注册成为交易所的用户。

要选择那些有公信力的、活跃度高的公链上的交易所，而且交易的虚拟物品要在法律层面有明确的权属，否则就可能引起纠纷。美国漫画巨头漫威就在起诉一名艺术家的作品有抄袭之嫌。

可能有朋友要问了，你不是说 NFT 可以杜绝伪造嘛？咳咳，抄袭和伪造还不是一回事。

你可以说画家 A 的作品模仿了画家 B，但是人家没有假冒是 B 的作品呀。所以不要贪便宜去买一些没人知道的艺术家的作品，风险很大，不过你买就是图个好看喜欢那就无所谓了。

至于更具体的操作方法，其实网上一搜有好多。实操很简单，但是要理解背后的逻辑就没那么容易。坦白说，网上绝大多数都是人云亦云，自己都没搞清楚是咋回事。

所以啊，千万不要头脑发热，稀里糊涂就跳进去成为"韭菜"。永远记住一点，人永远不可能赚到自己认知范围以外的钱，一定要理解透了再行动。

元宇宙
小课堂

被烧掉的《白痴》

这就是被烧掉的画《白痴》（*Morons*），如下图所示。它由英国画家、著名街头涂鸦艺术家班克西 (Banksy) 创作，画作描绘的是一场拥挤的艺术品拍卖会，拍卖师旁边有一个华丽的画框，上面写着"不敢相信你们这帮蠢蛋真的会花钱买这个东西"。这幅画本意是讽刺和嘲笑那些在艺术品上斥巨资的收藏家们。

2021 年 3 月，在《白痴》的线上直播拍卖会上，这幅画被一家区块链公司以 9.5 万美元的价格买下，然而出乎众人意料的是，这幅画被当场点火烧了。接着，这家区块链公司把画做成 NFT 上链，并最终以 38 万美元的价格售出。

豪威测试（Howey test）

1946 年，美国证监会 SEC 起诉豪威公司，缘起豪威公司将大片柑橘园出售给位于佛罗里达州的买家，而这些买家又随后将土地租回给豪威公司。豪威公司负责照料这些果园，并代表业主出售水果，再和买家分享收入。

由于绝大多数买家没有农业经验，也不需要自己打理土地，所以美国证监会进行了干预。法院的最终裁决认定，该回租协议符合证券投资的标准，需要遵守美国证券法的规定。

该判例产生了具有里程碑意义的豪威测试标准，用于判断特定协议是否构成证券，该标准包含四大条件：

1. 投资涉及金钱；

2. 投资期待赚取利润；

3. 投资涉及共同事业；

4. 收益源于第三方努力。

大白话就是，什么叫证券？证券就是你花了真金白银去投资，投资的这个标的是很多人都可以同时投资的，并且你期待用金钱形式获得一个你不用努力就能产生的被动收益。

所以，正如我们前面所说，如果 NFT 不能被拆分，就不可能被多人同时拥有，就不会通过豪威测试标准。

VR、AR、MR、XR……那么多R，怎么区分

从小看《宝可梦》的人都有这样一个梦想，有没有可能在旅游、上班、上学的路上，在某个草丛里遇到皮卡丘或者妙蛙种子，然后收服它们呢？

2016年，老牌游戏厂商任天堂和游戏公司Niantic共同开发了一款《精灵宝可梦》（*Pokémon GO*）的游戏，将我们儿时的梦想变成了现实。

具体来说，当玩家打开游戏，并且启用地图和定位功能之后，游戏会在摄像头实时拍摄的画面中叠加皮卡丘、杰尼龟等小精灵，这些精灵可能会藏在草丛里、树荫下、超市货架上等位置，一旦被发现，玩家可以滑动屏幕抛出精灵球，准确抛中后即可收服。

从《精灵宝可梦》出发，一场增强/虚拟现实革命也由此展开。随之而来也诞生了各种新鲜词汇：AR、VR、MR、XR，这些词汇都分别代表什么技术？

它们和元宇宙又有什么关系？

我们先来看AR。AR（Augmented Reality），中文是增强现实。它借助的技术有计算机图形技术和可视化技术等，通过这些技术把数字信息叠加在我们的现实世界之上，从而产生物理世界中不存在的虚拟对象。简单来说，AR 是让人们在现实中产生"幻觉"。

MR (Mixed Reality)，中文是混合现实，它介于 AR 和 VR 之间，因为它融合了现实世界和虚拟世界，来产生新的环境和可视化。其中，物理对象和数字对象共存，实时交互是关键词。

VR（Virtual Reality），中文是虚拟现实，主要是在模拟我们真实的物理环境，包括光、声音、气味、味道、运动等，并用这个模拟出来的物理环境来影响我们的眼、耳、鼻、舌、体感、触觉。所以 VR 场景里，物体都是立体或三维的，也会更让人们产生身临其境感。

这里分享一个冷知识，Virtual Reality 通常直译是"虚拟现实"，但这里可能存在一个翻译误区。实际上英语 Virtual 的词义是"事实上接近，近乎实际的"，而虚

拟是意指"虚构的、虚假的"。Virtual Reality 如果直接翻译应叫作"近乎现实"，也就是说，VR 行业的真正的目的是要做到接近现实，靠近现实。

除了 AR、MR、VR，大家还会经常看到一个词叫"XR"，这里的 X 是指 Extended，译为扩展，XR 更像是一个总称，包括 AR、VR、MR 等所有可以帮助我们融合物理世界和数字世界的技术。

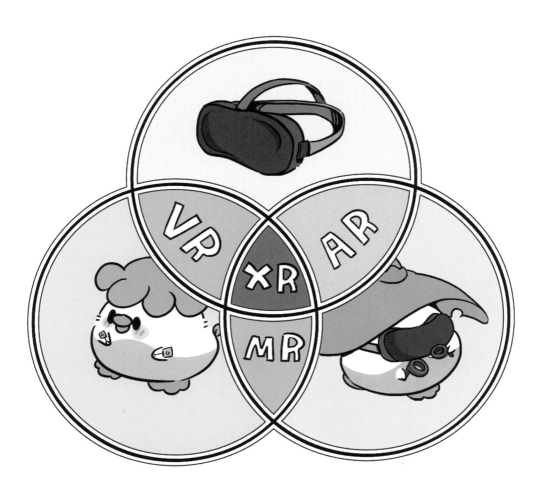

最后，我们再来回顾一下：

增强现实 (AR) 是计算机生成内容在现实世界上的叠加。使用 AR，数字内容和现实世界之间没有遮挡。

混合现实 (MR) 是让数字内容和现实世界中的对象进行实时交互。

虚拟现实 (VR) 包含所有身临其境的体验。这些可以使用真实世界的内容（比如拍摄 VR 视频）或者纯合成内容（比如计算机建模）或者两者的混合来创建。

扩展现实 (XR) 是指由计算机技术和可穿戴设备生成的所有真实和虚拟环境。XR 中的"X"是一个变量，可以代表任何字母。

不管是 VR、AR 还是 MR，它们都是构建元宇宙的交互技术，也各有优缺点。如今，这些技术也有了取长补短、相互融合的趋势。

比如，VR 需要用户使用一个特定的头显，以形成一个完全密闭的虚拟空间，但缺点是对于外界感知能力较弱，还会存在安全隐患，限制了使用场景。

于是像 Oculus、HTC、Pimax 这些行业领先的 VR 公司，纷纷在其 VR 产品上增加了"透视（See-Through）"功能，初衷是让用户得以了解边界区域的真实环境，提高用户的安全系数。但这些厂商同时也发现，利用 VR 设备加上摄像头捕捉的真实场景能实现 AR 功能，此外，叠加的图像与现实场景融合更好，视场角（Field of View，FoV）也会更大。

不管怎么样，随着显示技术的提升，最终，现实和虚拟将会被结合成一个无法分辨现实和虚拟的世界，到那个时候，元宇宙还是梦想吗？

元宇宙小课堂

FoV：视场角（Field of View）的缩写。视场角显示设备所形成的像中，人眼可观察到部分的边缘与人眼瞳孔中心连线的夹角，包括水平视场角、垂直视场角、对角线视场角。未加特殊说明时指左右两个边缘与单个观察点的夹角，即水平视场角（注：默认为单眼视场角）。

特点：视场角越大，VR 设备带来的沉浸感越强。视场角小于 90° 的 VR 设备几乎没有沉浸感，只能作为类似望远镜的观影设备。

根据官方 FoV 数据，市场上主流产品的水平视场角均在 90° 以上，目前全球视场角最大的产品是 Pimax 8KX，可达 170°（对角线 200°）。

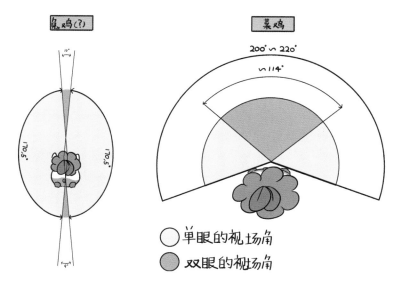

提问：VR、AR 和 MR，你认为哪一个会代表元宇宙的未来？

元宇宙来了，现实世界就没了

19 世纪，德国哲学家弗里德里希·威廉·尼采（Friedrich Wilhelm Nietzsche）高喊"上帝已死，一切得以终结"。

摆脱了宗教唯心的"束缚"，科学开始逐渐覆盖生活中最深入的问题。很快，第二次工业革命到来，发电机的问世催生一系列重大发明诞生，人类也得以从"蒸汽时代"迈进"电气时代"。

那么，摆脱了现实世界的"束缚"，我们将获得怎样的"新生"呢？

元宇宙刚刚开始有个大概的轮廓，就有人开始担忧"现实世界已死"。著名科幻作家刘慈欣就曾提出："人类的未来，要么是走向星际文明，要么就是常年沉迷在 VR 的虚拟世界中。如果人类在走向太空文明以前就实现了高度逼真的 VR 世界，这将是一场灾难。"

这样的担忧听上去非常熟悉，当 20 多年前互联网开始快速渗透到人们生活的各个角落，从各个层面开始改变人类的生活方式的时候，就有很多人担心，年轻人天天泡在网上，对线下的世界失去兴趣。结果呢？

中国互联网高速发展的 20 年，也正是高速公路和高速铁路大发展的 20 年。

1994 年 4 月 20 日，一条带宽 64Kb/s 的国际专线，让中国互联网正式与国际互联网接轨。从那时起，运营商不停地在扩容网络，宽带速度实现了百倍、千倍的增长。接入终端也从最初寥寥无几的大型机，发展到台式计算机，再到人手一台的笔记本电脑、平板电脑和智能手机等。

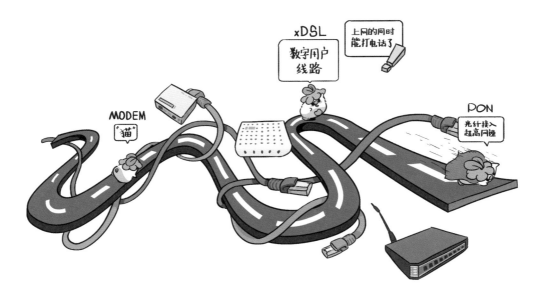

与此同时，高铁、高速公路也在不停地建设。从 1999 年开始，到 2019 年年底，我国高铁运营里程超过 3.5 万公里，居世界第一。截至 2020 年年底，我国高速公路总里程达 16 万公里，位居世界第一。中国各城市运营的地铁总里程超过 5000 公里，同样毫无悬念地位居世界第一。

即便如此，每次出门我们还都免不了抱怨堵车和拥挤现象。既然什么事情都可以在网上完成，为什么大家还要出门呢？显然，线上的世界并不能代替线下的生活，反而在更多情况下，它成为我们线下活动的催化剂。比如，便捷的社交软件让我们能跟更多的人保持联系，能够让我们方便地认识新朋友，这些反倒增加了我们线下活动的需求。

我们有足够的理由相信，元宇宙的出现和发展不会替代我们的现实世界，而是会让我们在现实世界的生活变得更加丰富、幸福。

首先，元宇宙并非抽离于现实世界，而是现实世界在一个自由度更大的层面上的延伸。

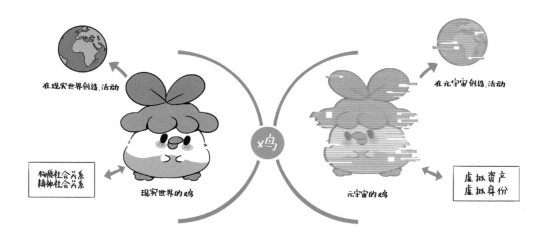

元宇宙所提供的，是让真实世界中的人们通过数字映射的方式获得一个或多个虚拟身份，穿梭在不同的虚拟世界之中，去探索更多的人生可能性，但是在虚拟世界中的学习、工作、交友、娱乐等体验依然需要足够真实，元宇宙才能真正成为我们的"第二家园"。

换句话说，在元宇宙里，人们虽然可以随时随地切换身份，但是所有的活动更需要投射到现实世界之中。

其次，元宇宙的发展是以"硬技术"为坚实基础，更需要物理世界产业链的支撑，比如 5G 芯片、网络通信、光学制造以及相关的软件产业等。

最后，正如尼采所预言，只有当人类不再依赖"上帝"，才能正视自身的需求，自由地作出选择，并且对自己的选择负责。这才促成了一系列的创新与突破，这才让社会面貌发生翻天覆地的变化。

如果把"上帝"换成"客观世界的限制"，相信以上这段话也同样成立。

作为无可救药的技术乐观派，就让我用美国哲学家阿拉斯代尔·麦金泰尔的一句话来作为本节的结束吧：

"美好的生活就是追求美好生活的生活"。

为什么我们需要元宇宙

公元前 5 世纪，古希腊的智者普罗泰戈拉有一个著名哲学命题——人是万物的尺度。

命题的本义是，应该用人去丈量我们认知的边界，人是那些已经存在的事物的尺度，也是那些并不存在的事物的尺度。

我想，这个命题可以帮我们理解元宇宙，元宇宙的目的是教人类正视自身的需求。

人类的需求是什么？或许我们可以从三个维度来看待。

第一个维度，是时间。对生活在三维世界的所有人来说，时间是一视同仁的。生命对所有人来说只有一次，在人生的旅程中，我们会面临无数岔路口，也面临无数选择：

是学钢琴，还是学奥数？

是参加高考，还是出国读书？

是继续读研读博，还是工作，抑或创业？

是结婚生子，还是一辈子单身？

…………

这也是为什么人类一直以来都着迷于诗歌、小说、戏剧、电影……吸引我们的正是别人的人生。

元宇宙的出现，让人类能够在有限的人生中，更加身临其境地体验更多角色和生活方式，从而增加了人类生活的丰富程度。

第二个维度，是欲望。

《人类简史》的作者尤瓦尔·诺亚·赫拉利（Yuval Noah Harari）在书里说过，人类自远古时代直到今天创造出光辉灿烂的文明，背后最深层、最根本的动力，在于以想象力为驱动的认知革命。

其实，从人类发展角度来说，欲望是人类在进化中能够胜出并成为高等物种所依赖的天性，但随着文明的发展，大多数人的欲望本能被压制了。

我们一边想摆脱现实世界的诸多束缚，一边又被各种规则条款制约着。

而元宇宙的出现为人类个体摆脱束缚提供了可能性。

我们可以穿上不受身材限制的衣服；我们可以住在不受牛顿力学限制的房子里；我们甚至可以生活在不受重力限制的星球里。在元宇宙，你可以充分发挥自己的创造力，满足自己的欲望。

第三个维度，是自我实现。

1943 年，马斯洛指出，人的诸多需求并不是对等的，而是分层次的。

人类的需求通常被描绘成金字塔式的等级。从金字塔的底部由下至上，需求分别为：生理需求、安全需求、爱与归属需求、尊重需求、自我实现需求。人的一生几乎就是通过不断攀登这个金字塔来最终达到自我实现的目的。

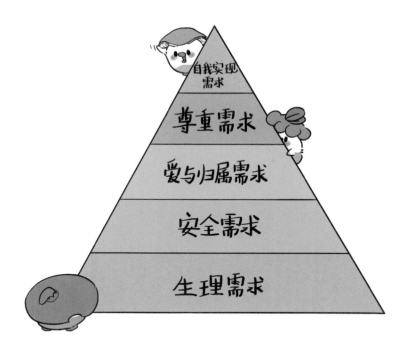

　　现实生活中人群在金字塔的不同层级所拥有的幸福感差距，呈纺锤形分布，只有极少数的人才做到了自我实现。

　　通过元宇宙技术提供的各种可能性，让人类的整体幸福感提升，去获得马斯洛需求层次金字塔上三层的体验，这也是非常有意义的事情。

　　生命的意义是在追求意义的过程中获得的，让每个个体获得更多的生命意义，需求构造什么样的世界？

元宇宙就是这个答案。

PART 02

元宇宙的
技术创新

元宇宙：5G 远不够，6G 在路上

在电影《失控玩家》(*Free Guy*) 中有这么一个"彩蛋"场景：男主角盖（Guy）去 ATM 取钱和买咖啡的时候，背景有一个玩家在不停地"撞墙"。这个表达"卡顿"的细节让游戏迷们都会心一笑。

确实，"卡顿"是当前建立元宇宙遇到的较大障碍之一。

2021 年 12 月百度曾在其开发的元宇宙产品"希壤"中举办了百度 Create2021 大会（百度 AI 开发者大会），但是在这么一个"可以容纳 10 万人交互"的空间中，用户发现由于卡顿、闪退、穿模严重，彼此之间根本无法建立起有效的交流，特别是大会举办的时候，甚至卡到十秒钟听不清楚一个字的程度。

美国 Meta 公司一口气推出的三款元宇宙空间产品（包括面向生活与娱乐方面的 Horizon Worlds、可举办演唱会等大型活动的 Horizon Venues，以及 VR 办公平台 Horizon Workrooms）同样绕不开卡顿等问题，印象笔记（Evernote）前任 CEO Phil Libin 则曾在体验 Horizon Workrooms 后表示："它不会变得更好，因为它从一开始就很糟糕。"

想必大家心里已经产生了困惑：如果在地铁上刷手机都还要缓冲半天，现在谈元宇宙是不是为时过早？

确实，现在的 5G 时代面临着三个需要解决的问题：

第一，低延迟：理想很美好，现实很骨感。

元宇宙对网络传输有着超高带宽、超低时延、超高可靠性的要求，其中，低延迟更是确保沉浸感的重要因素。目前由于种种原因限制，5G 还达不到理论上的时延要求，这方面还需要边缘计算等技术的持续发展。

第二，高带宽：不够对称。

5G 有个特性被称为"高带宽"，但它的潜在定语是"下载"，隐藏的台词却是"上行速率还不够快"。这种流量的不对称性会导致网络的两头就像是跑在两条并不对称的 5G 高速公路"车道"上，特别是在进行实时互动的时候，自然彼此都会觉得对方"卡"出天际。因此，能否突破上行瓶颈将是未来 5G 技术的重要发展方向。

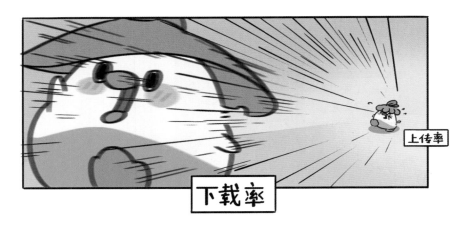

第三，大连接：终端不成熟。

行业终端是制约产业规模发展的关键因素之一，但随着 5G 时代的到来，行业终端形态越来越多样化甚至碎片化。这就需要聚焦对终端有需求的经典场景布局产品，提炼出具有共性能力的类型产品。

如果说，5G 尚不能完全满足元宇宙对无线通信的需求，那么是不是可以寄希望于 6G？

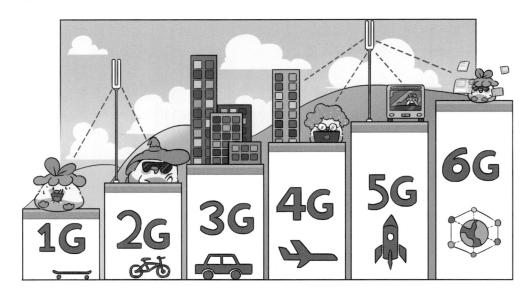

2021 年 6 月，IMT2030（6G）推进组发布的《6G 总体愿景与潜在关键技术白皮书》。白皮书对 6G 应用场景是这么表示的：

6G 网络将助力实现真实物理世界与虚拟数字世界的深度融合，构建万物智联、数字孪生的全新世界，主要包括以下场景：

- » 沉浸式云XR
- » 全息通信
- » 感官互联

- » 智慧交互
- » 通信感知
- » 普惠智能

- » 数字孪生
- » 全域覆盖

结合元宇宙的定义可以发现，这些场景几乎完全就是为元宇宙量身打造的未来场景，不仅能全面超越 5G 的通信性能要求，更是重新定义了什么叫"为元宇宙而生"。

比如我们来看看沉浸式云 XR。上一章我们提到，XR 是虚拟现实（VR）、增强显示（AR）、混合显示（MR）的统称。随着 6G 网络的实现，结合 XR 终端设备能力的提升，未来云化 XR 可以帮助用户实现和环境的各种交互。比如语音交互、手势交互、头部交互、眼球交互等。

还记得漫威里的钢铁侠是怎么研发设备的吗？他在空中随心勾勒，就能实现将设计原型旋转、修改、定稿、抛入制造系统的一系列操作，这就是云化 XR 能实现的未来。

再挑一个全息通信来看。白皮书提到，在实现大尺寸、高分辨率的全息显示方面，实时交互需要峰值吞吐量约为近 150Gbps，按照压缩比 100 计算，平均吞吐量需求约为 1.5 Gbps。由于用户在全方位、多角度的全息交互中需要同时承载上千个并发数据流，由此推断用户吞吐量则需要至少达到 Tbps 量级。

未来，全息影像将通过自然逼真的视觉还原，实现人、物及其周边环境的三维动态交互，取代我们现在的手机、电脑等屏幕，让万物皆可"屏"，并成为元宇宙时代主要交互方式之一。

剩下不管是感官互联、智慧交互还是数字孪生、全域覆盖等，一句话，只要峰值速率、网络效能、移动性、时延和抖动、可靠性、覆盖范围等关键性能指标跟得上，撑起一个流畅、稳定、安全的元宇宙完全没问题。

或许真到了那一天，我们面临的苦恼将是如何区分真实和虚拟世界了。

元宇宙
小课堂

失控玩家：好莱坞电影《失控玩家》于 2021 年 8 月 13 日在北美上映。电影讲的是电子游戏中的一个名为盖的 NPC 忽然发现自己只是游戏里的角色，于是试图改写剧本的故事。

作为一名 NPC，盖每天穿同样的衣服、吃同样的早餐，在同样的时间说同样的话。他的职业是银行出纳，每天上班前会去同样的咖啡厅固定购买一杯美式咖啡。有一天，当他发现破绽时，他点了卡布奇诺。从此，整个游戏世界发生了翻天覆地的变化。

边缘计算：边缘计算是为应用开发者和服务提供商在网络的边缘侧提供云服务和 IT 环境服务，目标是在靠近数据输入或用户的地方提供计算、存储和网络带宽。边缘计算的优点有三个：

a) 低延迟：计算能力部署在设备侧附近，设备请求实时响应。

b) 低带宽运行：将工作迁移至更接近于用户或数据采集终端的能力能够降低站点带宽限制所带来的影响。尤其是当边缘节点服务减少了向中枢发送大量数据处理的请求时。

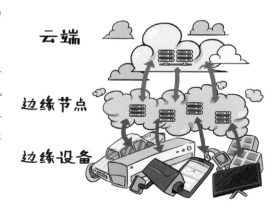

c) 隐私保护：数据本地采集，本地分析，本地处理，有效减少了数据暴露在公共网络的机会，保护了数据隐私。

元宇宙 + 交互技术

如果说，元宇宙的核心是创造出了一个打破人类社会的平行空间，那么在这个平行世界里，怎么样才能做到"没有违和感"呢？

换句话说，怎么定义"沉浸感"？

答案是交互。

正如笛卡儿说"我思故我在"，人对所处的环境是通过自身的感官来获取的，而这些感官包括看、听、触摸、嗅觉等，通过感官获取信息，我们的大脑就会构建我们对环境的认识。而沉浸感就是利用对感官信息的替代形成大脑认知的替代，从而使我们产生了沉浸感。

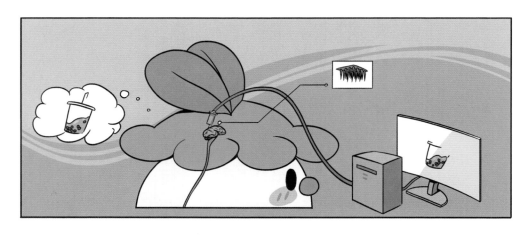

VR 的出现是帮助人们营造沉浸感的一次重大突破。尽管从图书到收音机到电影电视，技术已经让我们能充分发挥自己不同的感官"进入另一个世界"，但是由于在视觉和听觉上我们还能接收到其他的信息，因此也很容易分神。而 VR 作为一种完全隔绝真实世界环境的设备，可以带给我们一种新的完全进入虚拟世界的体验感。

此外，在 VR 的场景下我们还可以参与互动，这更是开创革命性体验的方面。以电子游戏为例，为什么那么多人能够沉浸在游戏的世界里，主要原因在于游戏是一种参与度很强的体验。在 VR 的场景下，我们更是可以像真实世界中一样选择自己的视角、使用各种工具，甚至可以调整自身的姿态，做出各种动作。这种控制感使我们的大脑更加容易相信眼前的虚拟认知，从而产生深度的沉浸感。

头部 VR 设备厂商小派科技对沉浸感进行了三个维度的定义，分别是"自然"、"自由"和"自我"，下面我们来看看这三个维度对应着哪些交互技术。

VR3.0的技术标准
沉浸感 的三个维度

视觉沉浸感　　　物理沉浸感　　　认知沉浸感

1. "自然"——视觉沉浸感

人是"视觉"动物，若要想向用户提供以假乱真的沉浸感，那么首先就要过视觉这一关。

一方面，硬件设备需要模仿人的生物特性，在分辨率、刷新率、视场角等元素上下功夫。比如说 UVI（Unit of Visual Immersion）即视觉沉浸感当量，是衡量视觉沉浸感的重要指标。我们通常认为 PPD（Pixels Per Degree）即角分辨率、FoV（Field of View）即视场角、刷新率这三个指标都分别存在绝对的天花板水平：PPD=60 代表了视网膜水平；FoV=220° 代表了人眼自然视场角；刷新率大于 180Hz 人眼基本无法分辨。

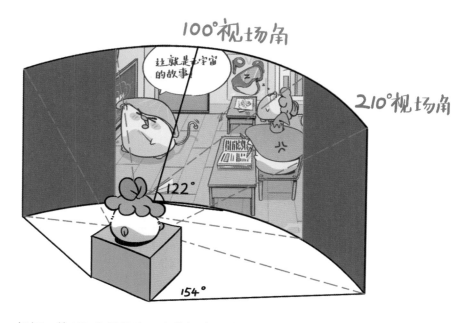

任何一款 VR 头显的这三个指标分别除以该指标的天花板水平（也就是 100% 水平）得到一个百分比，就代表该头显在该项指标上的表现。这三个百分比的加权调和平均数就是 UVI。

市场上已经公认这个模型能够很好地量度视觉沉浸感水平。100% 的 UVI 就意味着人眼已经完全无法分辨看到的是头显中的图像还是真实的世界。这个标准听上去很科幻，但是实际上离我们不再遥远。比如小派科技已经发布的 Reality 系列 12K QLED 头显的 UVI 高达 73%，已经非常接近"优秀"的标准。

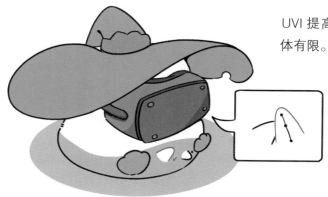

UVI 提高的瓶颈主要是 GPU 算力总体有限。GPU 算力决定了单位时间内所能生成的帧数（也就是刷新率）乘以单帧的总像素数。在总像素数一定的情况下，在长宽比固定的前提下，PPD 和 FoV 成反比，PPD 提升 FoV 就需要降低，反之亦然。也就是说必须在 PPD 和 FoV 之间权衡和妥协。

比如，双眼 4K 单眼 2K，基本就是在 20PPD 和 100FoV。双眼 8K 单眼 4K，就可以做到 24PPD，170FoV。

要突破 UVI 提高的算力瓶颈，主要是靠优化算法，以提升对有限算力的利用效率，其中某些算法要靠额外的硬件支持。

比如，随着眼动追踪（Eye Tracking）技术的出现，能通过仪器设备进行数字图像处理，瞳孔定位，获取瞳孔三维坐标，并通过人工智能算法，计算眼睛的注视点，让硬件设备知道你正在看什么区域。

眼动追踪技术一方面可以支持多种交互方式，而且基于眼动追踪技术，VR 厂商可以通过动态注视点渲染（Dynamic Foveated Rendering，DFR）技术，大幅降低 GPU 端的算力负担。

因为人眼在整个 FoV 的有效的清晰区其实很小，文字阅读差不多有效的清晰区只有 15° 左右，图片的清晰显示区只有 60° 左右，所以利用眼球追踪技术，GPU 可以针对注视点附近进行最高清晰度的渲染，而周边部分可以适度减低，从而降低渲染的计算量。市场上头部硬件厂商开发和采用的类似优化算法还有很多，比如 ASW、ATW。通过这些优化算法，在同样的算力平台上，就可以支撑高得多的 VR 头显性能指标。

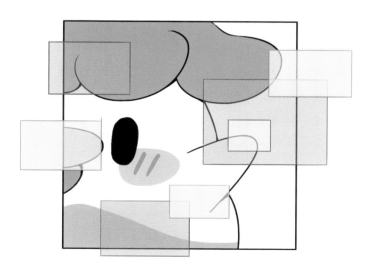

2. "自由"——物理沉浸感

如果只是坐在家里一动不动，即使再真实的"视觉盛宴"也无法让人真正沉浸其中。"自由"便是提供物理沉浸感的第二个维度。在这个维度中，VR 硬件需做到 6DoF 定位 (Six Degrees-of-Freedom Tracking)，即头、手的定位追踪，同时设备需在无线化、空间影响、体感外设、人体工程学设计、重量和体积控制和分布方面进行足够优化。

在上一个 VR "年代"，定位方案主要为 outside-in，其方案好处是定位精确，缺点是价格比较高，需要配两个灯塔基站，移动非常不灵活；基于计算机视觉的 inside-out 定位方案是目前主流的发展方向，它的精确度足够高、价格便宜、使用便捷，伴生的穿透（See-Through）功能已经形成了全视野 AR 功能的雏形，为 VR 将来过渡到 MR 打下了不错的基础。

3. "自我"——认知沉浸感

我们面对新环境的时候，会运用已有知觉经验来探索和解决新问题，并且将新问题的解决经验再次纳入知觉体系中。这就需要认知沉浸感。这方面的评判标准可以使用镜子测试（Mirror Test）。镜子测试通常用来测试动物是否足够聪明，能否知道镜子里的图像是自己而不是其他个体。

我们借用这个概念，意指在 VR 的镜子里是否能看到自己的表情、眼神、全身动作，以形成足够的自我存在感。这除了上边说的头手 6DoF 的跟踪定位、眼部追踪，还需要面部追踪（Face Tracking）、全身动作捕捉（Body Tracking）甚至情绪跟踪等诸多功能的支持。只有在充分的认知沉浸感的支持下，才有可能在 VR 中形成真正有效的社交场景。

最后我们来聊聊"脑机接口"。

埃隆·马斯克曾表示"人类不能被 AI 淘汰，要与 AI 融合，在大脑和'电脑'之间创建一个接口"。随着我们对脑科学的不断认识和脑机接口技术下对人类肢体限制的不断突破，人脑的潜能得到释放。

脑机接口技术被称作是人脑与外界沟通交流的"信息高速公路"，是公认的新一代人机交互和人机混合智能的关键核心技术，甚至被美国商务部列为出口管制技术。脑机接口技术为恢复感觉和运动功能以及治疗神经疾病提供了希望，同时还将赋予人类"超能力"——用意念即可控制各种智能终端。

在脑机接口的世界中，当你触摸一块石头，你能感受到石头的纹路；当你把它拾起来，你能感受到它的重量。你可以用自己的眼睛"看"，自己的耳朵"听"，自己的鼻子"嗅"，这个世界不再"虚拟"，而是另一种"现实"。

如果说 VR/AR 是元宇宙的入口，脑机接口或许才是未来进入元宇宙的真正形态。只是，这场认知革命，到底是人类的进步，还是潘多拉的盒子？

眼动追踪

　　这门技术通过记录眼睛的定位和运动来跟踪用户的注视点。眼动追踪与环境有关，通常基于角膜反射的光学跟踪，称为瞳孔中心角膜反射（PCCR）。该技术的基本理念是使用一种光源对眼睛进行照射使其产生明显的反射，并使用一种摄像机采集带有这些反射效果的眼睛的图像。然后使用摄像机采集到的这些图像来识别光源在角膜（闪烁）和瞳孔上的反射。这样我们就能够通过角膜与瞳孔反射之间的角度来计算眼动的向量，然后将此向量的方向与其他反射的几何特征结合，计算出视线的方向。

　　一般这种光源是近红外光，因为人类通常不能轻易看到近红外光，因此这不会分散用户的注意力。

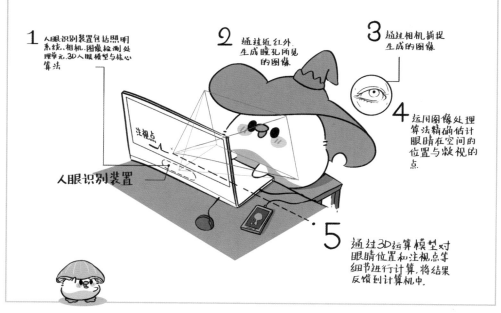

1 人眼识别装置包括照明系统、相机、图像检测处理单元、3D人眼模型与核心算法

2 通过近红外生成瞳孔所见的图像

3 通过相机捕捉生成的图像

4 运用图像处理算法精确估计眼睛在空间的位置与凝视的点

5 通过3D运算模型对眼睛位置和注视点等细节进行计算,将结果反馈到计算机中。

注视点

人眼识别装置

＼ 镜子测试 ／

镜子测试是一个自我认知能力的测试，它基于动物是否有能力辨别自己在镜子中的影像而完成。狗、猫和人类婴儿都无法通过测试。人类往往需成长到 18 个月之后——也就是精神分析学家所谓的"镜像阶段"——才能通过镜子测试。

当元宇宙碰到人工智能

奥诺雷·德·巴尔扎克（Honoré de Balzac）向来被誉为是"最高产"的作家。

他创作的速度和数量在世界文坛上无人媲美。20多年写作生涯中，他创造了2400多个人物形象，写出了91部传世之作。据说，长达几十万字的《高老头》是他三天内一气呵成的作品，《乡村医生》只花了72小时，《赛查·皮罗多盛衰记》则在25小时内完成。

巴尔扎克恐怕不会想到，170多年后，在人工智能的协助下，人人皆可"高产"创作。

人工智能（Artificial Intelligence）是指可模仿人类智能来执行任务，并基于收集的信息对自身进行迭代式改进的系统和机器。按照实力，人工智能可以分为弱人工智能(Artificial Narrow Intelligence，ANI)、强人工智能(Artificial General Intelligence，AGI)、超人工智能(Artificial SuperIntelligence，ASI)三个等级。

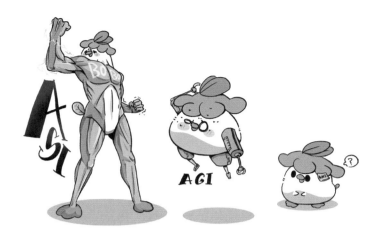

弱人工智能可以解决某些特定的问题；强人工智能可以像人类一样思考不同层面的问题，能够理解复杂理念；而超人工智能则更为强大：它不仅能表现正常人类所具有的所有智能行为，还能执行开放式任务，甚至拥有自由意志和自由活动能力的独立意识模式……当然，这一切仍在想象之中。

提问：前几年 4:1 赢了世界围棋冠军李世石而声名鹊起的 AlphaGo 属于哪一类人工智能？

答案是弱人工智能。虽然 AlphaGo 可以跟你进行一场围棋对弈，却不能跟你玩五子棋，更不能开车、写文章或者陪你说话，因为 AlphaGo 的"大脑"里"学习"的仅是围棋棋谱。

毫无疑问，未来人工智能将在元宇宙中扮演着重要的角色，其中之一就是支持算法驱动的内容生产。要知道，元宇宙是新兴爆炸的土壤，如果没有足够多的内容进行支撑，这片土壤将是一片贫瘠。通过机器学习、智能语音、自然语言处理等方式，元宇宙中的虚拟创作者将能实现全 AI 自动化内容创作，这也正是元宇宙当前需要突破的核心。

1. 自然语言处理

首先有请最先进的 AI 语言模型 GPT-3（General Pretrained Transformer-3）登场。

GPT-3 是由人工智能研发公司 OpenAI 开发的一种用于文本生成的自然语言处理（NLP）模型，本质上是基于上下文生产内容。

古人云，"熟读唐诗三百首，不会作诗也会吟。"由于 GPT-3 被"喂"了足够多的数据，所以当你给 GPT-3 某种上下文内容时，它就能填充其余的内容。比如，给一个问句，它会给出回答；给几个关键词，它能帮你写一封邮件；给一个故事开头，它能写完一整个剧本；它还能自己写程序、生成数学公式、做 Excel 表格函数、写诗画画、解数学题、翻译代码、写商业计划书……

有了 GPT-3，或许未来我们真的可以躺在沙发上，喝着肥宅快乐水，念出乔布斯的名言：

"做个吃货，做个蠢货。"

2. 虚拟人

1982 年，动画作品《超时空要塞》（*Macross*）中的女主角林明美凭借动人歌声与纯真人设走红，由此成为全球首个虚拟偶像。2021 年，虚拟美妆达人柳夜熙在发布抖音第一条短视频后点赞量即突破 300 万，涨粉上百万。

虚拟数字人指存在于非物理世界中，由计算机图形学、图形渲染、动作捕捉、深度学习、语音合成等计算机手段创造及使用，并具有多重人类特征（外貌特征、人类表演能力、人类交互能力等）的综合产物。也被称为虚拟形象、虚拟人、数字人等，代表性的细分应用包括虚拟助手、虚拟客服、虚拟偶像／主播等。

从长远角度来看，虚拟人是元宇宙的重要基础设施，也将随元宇宙的开拓不断演进发展，作为虚拟和现实空间的智能机器人，降低服务成本、提高服务效率，甚至可以作为 NPC 自己生产内容。

3. 算法推荐

有朋友曾经抱怨：为什么视频平台给我推荐的都是土味视频？我会心一笑：那还不是因为你经常点进去看吗？

如今，算法已经深度影响着个体的决策和行为。随着你的每一次点击，系统都会通过"打开率""完播率"等指标作为下一步计算的依据，决定了你每天阅读哪些新闻，购买什么商品，经过哪条街道，光顾哪家餐厅，给你看什么广告，甚至为你量身定制可接受的价格。

正如"漫威宇宙""DC 宇宙"等，未来在元宇宙中，每个人都会有自己的"小宇宙"，只要你能把自己头脑中的故事场景用数字化的技术呈现出来，那么这个场景就是一个元宇宙。在这个宇宙中，你可以看自己想看的电影，玩自己想玩的游戏，做自己想做的社交。

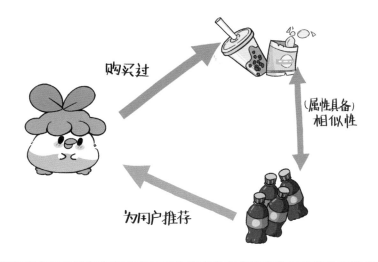

购买过

（属性具备）
相似性

为用户推荐

最后，做个小小的总结：在 AI 驱动的虚拟世界里，丰富的内容供应近乎无限，虚拟社交活动也会从有目的性转变为以人为中心，可以实现自由探索，而放手让 AI 填补世界。

现如今也许只有少数人可以成为创作者，但随着 AI 的发展，内容创作将会更加定制化和民主化。在 AI 的帮助下，人人皆可创作，不需要特定的技能，就能把大脑中浮现的创意变成代码、文字或者动画。

"高产"的巴尔扎克不再稀缺，但同时，巴尔扎克也会变得更稀缺。

元宇宙中，你怎么证明你是你

2008 年，"中本聪"第一次提出区块链的概念。在很多人眼里，区块链的诞生伴随着比特币，但现在的区块链技术与应用，已经远超过比特币区块链。"币圈"和"链圈"还相互鄙视，彼此都认为对方没有看懂区块链真正的价值。

其实，如果把比特币和区块链技术分开来看，两者之间最大的不同之处在于：以比特币为代表的虚拟货币们正面临着各国法规的限制，也被称为"割韭菜神器"；但区块链技术现在已经可结合认许制或其他方式来管控节点，能决定让哪些节点参与交易验证及存取所有的资料，并且已经深度应用在各行各业，如金融业的供应链金融、贸易融资、资金管理、支付清算、数字资产、延伸领域等环节，为质押、融资、项目管理等环节提供可信平台服务。

那问题来了，区块链和元宇宙有什么关系呢？

首先，我们来看看区块链的特征：

1. 分布式账本：交易记账由分布在不同地方的多个节点共同完成，而且每一个节点记录的是完整的账目，因此它们都可以参与监督交易合法性，同时也可以共同为其作证。

2. 非对称加密：存储在区块链上的交易信息是公开的，但是账户身份信息是高度加密的，只有在数据拥有者授权的情况下才能访问到，从而保证了数据的安全和个人的隐私。

3. 共识机制：所有记账节点之间怎么达成共识，去认定一个记录的有效性，这既是认定的手段，也是防止篡改的手段。

4. 智能合约：基于这些可信的不可篡改的数据，可以自动化执行一些预先定义好的规则和条款。

简单理解，就是在区块链上，数据一旦被记录，就没有办法再修改。这个特征让区块链技术得以成为支撑元宇宙的关键"基础设施"。

其实说到底，不管元宇宙是什么宇宙，它的本质是数字世界，在这个世界中，我们能做到虚拟世界与实体世界的融合，能看到物理世界与数字世界的打通。

但是和物理世界不一样的是，数字世界最大的特征就是"可复制"。在物理世界中，我们想模仿一个人，还是很有难度的，首先要解决长得一模一样这个问题，其次还要声音一模一样，最后还得记忆一样、行为举止一样等。

可是数字世界就不一样了，长得一模一样简单，AI建模呗，虚拟人早就不是难事了；声音一样，语音合成也可以解决；记忆一样就更简单了，反正网络数据都是留痕的，AI合成的记忆比你本人记忆还要好，还要"像"你。

试想想，如果在元宇宙里出现了两个"你"，那该是什么样的感受？你又该怎么证明谁是真的"你"，谁是假的"你"？这是个连齐天大圣孙悟空都很棘手的问题。

区块链就是解决这个问题的答案。防篡改和可追溯性使得区块链天生具备了"防复制"的特点，除了目前常用的这套身份认证体系，未来元宇宙极大概率会接入区块链的身份认证体系，这意味着哪怕无须借助传统意义的身份认证，同样可以判断使用者身份，也可以保证他人身份不会被复制或盗用。

此外，在分布式数字身份的基础上，社会网络应用的角色将是提供服务，而不是垄断社会数据。

大家或多或少都被算法"歧视"过。充值了会员的老用户购买同款商品价格高于新用户；同一家店的外卖吃几次就涨价；用几部手机同时在旅游出行软件中预订机票、酒店存在价格差异，且"熟客"的订票界面会标注"即将售罄""房源紧张"等不实信息。更别提被泄露过的个人隐私了。

在区块链的加持下，未来的元宇宙才能更加贴近现实中的交互，甚至比现实世界的体验还要好。我们不用担心"人与人之间最基本的信任"问题。我们能买到自己真正喜欢的 NFT，而不是被过度包装后对我们进行价格歧视的产品。我们可以在交易虚拟地产的时候放心留下自己的联系方式，而不用担心被虚拟中介"骚扰"。

只有这样，我们才能真正地畅游在元宇宙里。

开始造人吧

在美剧《西部世界》里，构建了一个庞大的高科技成人主题乐园。从头发、眼球虹膜再到肌腱，从农民、牛仔、警察再到醉酒大汉……在这个主题乐园中，不管是接待员（Host），还是动物、抑或一草一木，都是制造出来的。

这种"捏人"的造物主梦想，如今也正一步步地成为现实。

2021年年初，Epic Games 公布的 Metahuman Creator 工具，可以轻松创建和定制逼真的人类角色。这款产品基于预先制作的高品质人脸素材库，允许用户以自动混合、手动调节的方式快速生成虚拟人。

从头发到胡子，从眼睛、眉骨再到嘴巴，以及那深深的法令纹，这真的是计算机合成出来的数字人吗？

实际上，数字人"以假乱真"早已不是什么新鲜事儿了。在英伟达2021年4月的技术大会上，做开场演讲的英伟达 CEO 黄仁勋在其中14秒的演讲居然是合成出来的，他们通过数字替身以假乱真了3个多月，除了老黄本人，连背景厨房都是假的，一直都没被观众发现。

首先，英伟达对黄仁勋进行各个角度的拍摄，包括他的标志性皮衣，加起来共有几千张照片，再利用采集的这些数据完成黄仁勋的3D建模。然后用 AI（背后是 Audio2Face 模型，可自动随着语音播放内容调整模型的面部动作表情）让其显现自然配合语音内容的动作表情。最后再使用 AI 模型将皮肤材质细化。"捏人"工作大功告成。

　　目前，Epic Games（创立于 1991 年）旗下的 Unreal Engine 与 Unity 3D（创立于 2004 年）是市场上最主流的两大游戏引擎。其中，Unreal Engine 功能更复杂齐全，主要针对 PC 和主机端游戏，历史更为悠久；而 Unity 3D 由于起步时间晚，则更多抓住移动端浪潮的机遇，更擅长为移动端游戏开发商提供引擎工具。

　　游戏引擎作为游戏产业的基础生产工具，将升级成为元宇宙时代的基本生产工具与生产平台：实际上，元宇宙时代的游戏引擎，基本特点是图形计算编辑器、可实时、可交互、模块化等，已经跨越了游戏的概念，并且能够应用到各行各业：比如影视创作、现代工厂、建筑设计、科研模拟等领域。

　　也有越来越多的公司意识到引擎的重要性。前面提到的英伟达就推出了自己的引擎平台 Omniverse，这是基于英伟达 RTX 的三维仿真和协作平台，融合了物理和虚拟世界，实时模拟现实并具有真实感的细节，无论是艺术家还是人工智能，都能够在不同世界使用不同的工具，共同创造一个全新的世界。

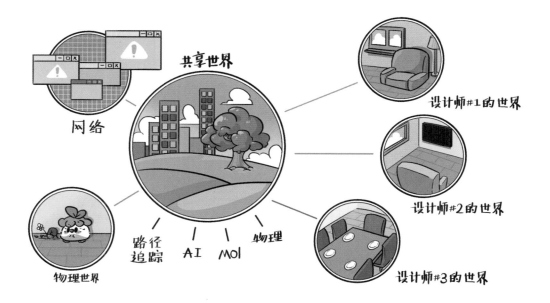

网络　共享世界　设计师#1的世界　设计师#2的世界　路径追踪　AI　Mol　物理　物理世界　设计师#3的世界

Omniverse 的运作可以分成三个部分。

第一部分是 Omniverse Nucleus Cloud。用户可在此连接并进行 3D 资产和场景描述的交换，设计师可以一起协作创建场景。

第二部分，合成、渲染和动画引擎——也就是虚拟世界的模拟。举个例子，英伟达的图形技术可以实时模拟每条光线在虚拟世界中如何反射。

第三部分是 NVIDIA CloudXR，它包括客户端和服务器软件，可用于将扩展现实内容从 OpenVR 应用程序传输到 Android 和 Windows 设备，允许用户进出Omniverse。

比如，中国探月官方纪录片《飞向月球第二季》中就采用了 Omniverse 平台，用到物理渲染、实时光线追踪、高精度 3D 扫描等技术，并首次将超写实虚拟数字人应用在 4K 科学纪录片中。

再比如，车企可以在物理世界中建造任何产品前，不仅可以先虚拟设计、规划和运营未来工厂，还可以通过 Omniverse 的方式呈现和虚拟一个自然界的环境，然后把自驾车虚拟到其中进行路面训练，加速无人驾驶智能化训练和迭代的过程。

未来，传统的工作流、工作流程、应用模式、应用网站会逐渐地从本机化的方式迁移到"本机 + 云"混合，最后可能变成完全基于云分享的工作流程。

你可能会问，随着云端引擎的不断进化，人类干脆直接生活在"引擎"里好了？

确实已经有人开始尝试了。2019 年 9 月，时年 78 岁的美国作家安德鲁·卡普兰 (Andrew Kaplan) 就同意成为全球首个"数字人类"（Andybot），在云上永生。卡普兰表示，他追求的不是永生，而是为了给他和他的后代们创造一种亲密的个人体验。

未来，卡普兰的子女和后代，可以通过 Siri、亚马逊 Alexa 或谷歌 Home 等语音助手与他互动，即使在他肉身去世很久之后，仍可以听他讲述一生的故事，并向他汲取人生建议。

当科技公司开始将人类从物质生命周期中解放出来，当数字人类无限接近真人，甚至比真人还完美的时候，我们该兴奋还是担忧？

换句话说，当数字人在真实世界中扮演越来越多的角色，而人类却成为一段段存在云端的数据，这对人类来说，是"永生"还是"灭亡"？

元宇宙
小课堂

Epic Games

其创始人是生于 1970 年的蒂姆·斯维尼（Tim Sweeney）。1991 年，他 21 岁时，在马里兰大学的宿舍里创建了这家公司。Epic Games 是目前最热门的游戏软件公司之一，它的网络游戏堡垒之夜（Fortnite）红遍全球，总游戏时间排名世界第一。除了开发游戏，它还拥有 Unreal 游戏引擎（中文名为"虚幻引擎"，专门用于 3D 游戏开发）和游戏商店，并且积极探索未来游戏的新形态。Epic Games 有可能成为世界最重要的技术公司之一，拥有一个对社会生活影响巨大的互联网核心平台。

Unity 3D

由 Unity Technologies 开发的一个让用户轻松创建三维游戏、三维动画等互动内容的多平台综合型游戏开发工具，是一个全面整合的专业游戏引擎。"王者荣耀""宝可梦""明日方舟"等都是通过 Unity 3D 开发的，迪士尼最新版的《狮子王》也是由 Unity 3D 进行实时渲染，其开发平台可以为电影制作者提供：建模、布局、动画、光照、视觉特效、渲染、合成等，从场景布局、画面后处理，到最终视频导出，工作者可以在 Unity 3D 中全流程完成影片的制作。

Web 3.0，数字时代的"乌托邦"

技术是支持元宇宙实现的核心要素。

在元宇宙的虚拟世界里，我们需要网络运算技术保障大规模的用户在线，需要仿真交互技术给我们带来沉浸式的体验，需要人工智能和算法支持内容生产和实时运营，需要区块链技术对身份进行认证、对资产进行确权，需要引擎提供最直观的虚实界面呈现方式。

随着这些技术的不断成熟和完善，Web 3.0 的时代也终于到来了。

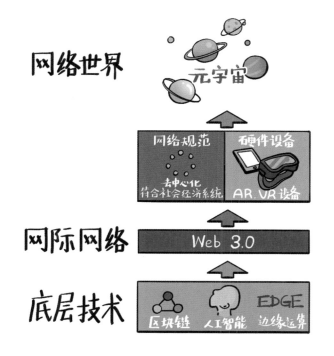

说 Web 3.0 之前,我们先回忆下:Web 1.0 和 Web 2.0 分别是什么?

在 20 世纪 90 年代互联网普及之前,人们获得资讯的来源是通过报纸、书本、广播、电视等渠道。互联网诞生之后,最初是将图片、文字、视频等需要物理载体的内容进行数字化,放在浏览器上供用户观看。在互联网早期,用户可以摆脱频道/版面的约束,任意浏览自己感兴趣的内容。

所以,如果把 Web 1.0 简单理解成 PC 互联网时代,Web 2.0 就是移动互联网时代。

但问题是,在 Web 1.0 和 2.0 时代,我们虽然可以在互联网上使用免费的资讯服务,甚至还可以自己作为博主赚点流量的小钱,但我们在网上发布的信息也同时以数据的形式被平台占有,作为用户,我们明明是生态的重要参与者和贡献者,却无法从中获益。

举个例子，我们可以在微博或者抖音上发帖子、视频，但是要分别经过新浪和抖音官方的审查机制，而且我们发的这些内容还会被平台用来"喂养"它们的算法，用来开发个性化广告等产品。这也就罢了，倘若这些平台倒闭，服务器不续费了，那么你之前发的内容也就没了。

因此，"让网络回归去中心化"的呼声越来越高，在理想中，我们需要的互联网环境应该让用户享有真正的数据自主权，个人信息应该是我们自主掌控的数据资产。我们作为用户可以在数据流转和交易中真正获益，使自己的数据不再是互联网平台的免费资源。

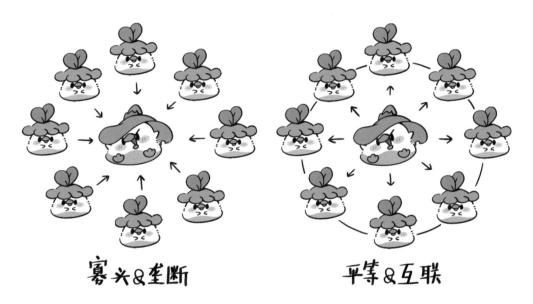

比如，现在我们在不同平台上使用服务时，都需要额外开设新的账号（例如支付宝、微信账号不互通，甚至微信和 QQ 都不互通）。

但在 Web 3.0 上，用户就不需要再注册多个账号了，用一个通用的数字身份，就可以在不同平台之间穿梭，而且数据也能保存在自己的设备上。

你看，这就颠覆了过去互联网大厂那套玩法。未来随着分布式存储的发展，越来越多的数据变成分布式的形态，这就好像一个世界级的大硬盘一样，而技术都是为产品提供解决方案的。这个计算机不属于任何一家公司，不属于任何一个国家，而是属于地球上的全人类。

有句话叫，Web 1.0 是过去，解决用户浏览内容的问题；Web 2.0 是现在，解决用户创造内容的问题；Web 3.0 是未来，将解决用户信息安全和内容所有权的问题。

其实，互联网发明的初衷，就是开源的，但是在发展的过程中，为了更好地满足用户的体验，以及提高信息交互的效率，从而诞生了各式各样的应用，在这些应用里又诞生了一批巨头。这些互联网巨头在用户进行信息交互的过程当中拥有了大量用户的数据后，又把这些数据作为可以盈利的工具，回过头来赚用户的钱。

所以 Web 3.0 尽管还不完美，技术上也存在很多限制，却给我们描绘出了一个数字时代的"乌托邦"。

作为本章的结束，我想说的是，关于元宇宙的未来发展，就好比哈姆雷特一般，一千个用户眼中自然就有一千个元宇宙。但是我们现在正站在历史的交汇口，可以肉眼看见一些主流价值的变化和涌现，以及一些似乎可以想象和期待的机会点。

我们不是预言家，但我们会成为探险家。

PART 03

元宇宙将
改变什么

元宇宙里怎么吃

当我们的祖先拿着长矛，追赶野猪的时候，食物是生存的根本。虽然吃这件事很重要，但是怎么吃却不那么讲究，更没有什么孜然和辣椒粉。

到了刀耕火种的年代，我们有了火，烹饪食物的方法也越来越多：可以烤，可以煮，可以裹上面粉炸一炸，把隔壁小孩都馋哭。随着文明的不断发展，"吃"的形式越来越复杂，"吃"背后所代表的社会化意义也越来越多。

如果说，技术的进步将一步步颠覆我们既有的生活方式，那么在元宇宙的世界里，"吃"这件事又会发生什么样的改变？目前来看，我们可能会经历三个阶段。

第一步，餐饮行业入驻元宇宙

我们目前的 VR、AR 和物联网技术，已经能帮助餐饮行业和广大吃货们实现第一步，即餐饮行业入驻虚拟世界——在元宇宙中展现自己的品牌、自家的产品，吸引顾客在虚拟世界中光顾。

举个例子，假如你想吃一顿肯德基、海底捞或者奶茶，你得换上衣服，出门，走很远的路，甚至还要排队两个小时。总之，想想就很麻烦。

但在元宇宙里面，所有的餐饮公司和菜品——你能想到的，肯德基、海底捞、兰州拉面，奶茶、地锅鸡、羊肉汤等，都能直观地展现在我们面前，你只要戴上头显就可以"瞬移"过去了。在元宇宙里面，当你走进餐饮店，你就能直观地看到餐饮店的大小、食物的名称和价格，感受食物的外观和分量，见到厨师在后台烹饪、做菜的流程。

大家有没有发现，对顾客来说，通过元宇宙技术，去餐饮店变得更加简单了。对那些餐饮公司来说，传统的宣传途径，无外乎电视广告、新媒体广告、传单和报纸广告，但现在，通过在元宇宙中搭建虚拟的店铺，就能起到宣传推广的作用，省时省事还省钱。所以，在未来的虚拟游戏中，你也许会见到各种品牌的广告横幅，它们的陈列、摆设，跟现实世界中如出一辙。

　　但是问题来了，我们现在好像只能在虚拟世界中看一看、碰一碰那些餐饮公司和旗下的食物，该怎么吃呢？

第二步，虚拟世界点餐

　　我们平时在美团、饿了么上面点餐觉得很便捷，半个小时左右香喷喷的餐食就会被送到手上。那么，元宇宙中怎么点餐呢？

目前有许多餐饮品牌，进行了两种尝试：

第一种是，打造数字化藏品。

为了进军元宇宙，王老吉进行了一次尝试：它推出了一款叫作"百家合"的数字藏品。这款产品可以为每一个买下百家合的用户，提供一块姓氏名牌。这块名牌可不简单，王老吉使用区块链技术，赋予了这块名牌唯一的标识和权属信息，再利用云数据库，将信息存储起来，你买了，这东西就成为你的专属。

当然，这东西属于数字藏品，不能吃，但也给元宇宙中的餐饮行业发展提供了一条思路：在元宇宙发展的初期阶段，餐饮公司可以给虚拟游戏玩家及其控制的虚拟人物，提供数字食品。也就是说，在虚拟世界中，如果你点了一份肯德基，那这份肯德基就会成为虚拟人物的口粮，为他提供"能量"（虚拟世界中的有价权益）。

听起来这种方法挺鸡肋的，毕竟我好不容易点了餐，结果游戏中的人物饱了，我自己却没饱。

没关系，也有一些餐饮公司想出了第二种方法：虚拟点餐＋现实送餐。

美国有一家叫作 Chipotle 的连锁餐厅，为玩家开设了一家专属虚拟餐厅。进入餐厅之后，玩家不仅可以玩游戏，还能在现实世界中收到一份免费的墨西哥卷饼。这种做法为餐饮行业提供了一种思路：玩家在虚拟世界中点餐，虚拟人物可以得到一份食物，在现实中，玩家还能得到一份实体的食物。

但问题又来了——这两种方法仍然不够先进：第一种不能吃，第二种跟美团点外卖有啥区别？所以，要想真正实现在虚拟世界中点餐、大快朵颐，还得突破第三步。

第三步，突破脑机接口技术，制造"味觉"

我们目前利用 VR 技术，能模拟出沉浸式的视觉效果；利用 AR 技术，可以增强触觉体验。那我们是否可以再利用某种技术，制造出"味觉"呢？

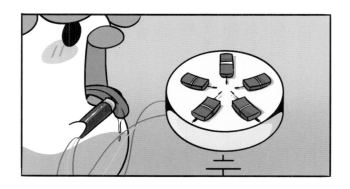

目前国外很多专家都在对此进行研究，总结起来，我们大体上要从三个学科入手：

在神经学科方面，我们需要彻底搞清楚人类的嗅觉、味觉等的特性、输入方式以及处理机制。说白了，就是搞清楚嗅觉和味觉是怎么来的，如何通过影响神经的方式，创造嗅觉和味觉。

在人工智能方面，我们要寻求技术突破，利用算法模拟出高度接近于人类真实感受的嗅觉和味觉感受，让虚拟世界的食物更接近于真实世界。

在电子技术学科方面，突破脑机接口技术，通过植入芯片、微型电极等各种侵入式设备，把人类的大脑中负责嗅觉和味觉神经的系统，跟元宇宙彻底连接起来。这一步最为困难，它牵涉到两个方面：第一，读取和输出大脑信息，比如，如何用意念来实现在元宇宙中吃的动作和过程；第二，把数字信息转变为脑生物电信号，输入大脑，也就是说，把在元宇宙中吃到的食物的信息再传回大脑，转化为真实的嗅觉和味觉。

或许在未来，锅碗瓢盆通通都要进博物馆，我们只需要一种药丸，吃下去以后就相当于吃了一顿饭，既免去了做饭的辛苦，又省去了吃饭的时间。配上脑机接口，还能体会到身临其境的嗅觉和味觉。再加上严格控制营养和热量的配比，更能省去减肥的苦恼。

这样的药丸，你会吃吗？

元宇宙里怎么买买买

你来到了一家飘浮在空中的商场之外，商城的设计完全摆脱了物理规则，而且还在不断变化形状。室外有一座瀑布飞流而下，鸟鸣声环绕在你耳边。

你走进商场，路过千变万化的人体模特，模特的身材甚至可以根据你的身材来定制。你不喜欢商场的氛围？没关系，你可以自定义墙壁和地板的颜色；你不喜欢白天逛街？没关系，你也可以自定义光影变化……这时，远处有一个人飘了过来，你跟他打了声招呼，他称赞你的肤色很特别，你心想：当然了，这套找知名数字设计师定制的皮肤可不便宜……

　　这场未来的购物之旅已经有了雏形。在 Roblox 上的 Alo Sanctuary 里，人们甚至可以通过冥想获得虚拟服装——在现实生活中，一款黑白夹克售价 268 美元，而 Roblox 用户可以通过完成五天的冥想后获得一件虚拟夹克。

　　与实体店购物和在线零售相比，元宇宙改变了什么？

元宇宙商城长什么样

　　当你戴上智能设备进入元宇宙商城后，首先你将拥有一个数字化身，通过数字化身在元宇宙商城中参观和购物。

　　跟线下的商城类似，当你走进元宇宙商城时，你会见到一个人工智能服务员，服务员会告诉你在哪里可以买什么，如何到达某个位置。为什么元宇宙商城也需要服务员呢？

　　美国有一个致力于打造元宇宙商城的 TheMall 团队，在他们的计划中，他们的元宇宙商城将会建造 100 个楼层，每层提供 10 万平方英尺的空间——这意味着它将会是美国最大的购物中心的 1.5 倍。而且，未来业主还可以对楼层进行升级，让占地面积达到 100 万平方英尺。这么大的面积，没有专业的人工智能服务员的指引，你恐怕会迷路。

接下来，你在不同的楼层会见到不同的商品，最常见的可能就是虚拟藏品。比如，为庆祝第 7 个中国航天日，向中国航天事业和航天科技工作者致敬，央视网在 2022 年推出了航天纪念款数字藏品"阳阳"和"师师"。这两款虚拟藏品，跟冬奥会的吉祥物冰墩墩的意义是一样的，只不过是虚拟商品。在元宇宙商城中，类似的虚拟商品会数不胜数，让人眼花缭乱。

是买东西，更是买体验

现在，许多元宇宙商城中的商品还会通过数字孪生技术，把现实中的商品复刻到商城之中供顾客选择和购买。所以，当你在元宇宙中购买了虚拟商品之后，在线下你同时会得到那一件"孪生"的实体商品。

但你可能产生一个疑问：逛元宇宙商城跟逛淘宝、京东有什么区别呢，不都是购物吗？

其中，元宇宙商城的着重点更在于增强购物的体验。

首先，在元宇宙商城中，你可以跟你的好姐妹或者是陌生人一起逛商城，一边购物一边社交。

正如现实中购物一样，除了购物体验，元宇宙商城也会承担起市民们生活中心的职能。在人工智能服务员的指引下，你还可以前往某个楼层听一场音乐会、看一场电影，或者是逛一趟艺术馆。每一个店铺、每一个馆所，都可以满足你在现实中所期望享受的文化体验。

如果你是个有商业头脑的人，也许你还能在商场中发现商机，体验一把做生意的快感。也就是说，你除了可以购买商场中的商品，还可以在商场中购买虚拟空间，然后在这块虚拟空间中建造自己的店铺或其他场所。

美国有一款虚拟的空间应用平台，叫作 Decentraland，这家平台的主要功能之一就是，用户可以在平台虚拟的应用场景中购买土地并开展建设。之后，你还可以把你辛辛苦苦建造的虚拟空间卖出去，获得投资回报。

"买买买"的本质

为什么我们会对元宇宙商城抱有那么大的期待呢？

实际上，"买买买"的本质是多巴胺的分泌。在我们购物的过程中，多巴胺的分泌会在准备购买前逐渐累加，到执行支付行为的那一刻达到顶峰。人类热爱购物，要的就是购物时的那种快感。

在未来，随着 VR、AR、XR 技术的发展，人们戴上设备，在元宇宙商城中能够感受到的购物体验会更丰富、更真实。比如，买一套尊贵的服饰给元宇宙中的自己穿上，用来吸引异性的注意力；买一套虚拟房产，在里面开家庭聚会等。

诺贝尔物理学奖得主马可尼说过：昨天的不可能，成为今天的可能；前个世纪的幻想，今天已成为真实摆在我们的眼前。

在未来，足不出户，你就可以在元宇宙商城中体验接近于真实世界购物的快乐。

当然了，元宇宙商城只是现实世界的一个替代方案，换句话说，到目前为止，它仍然是为现实世界服务的。

美国有一个叫史努比·狗狗（Snoop Dogg）的说唱歌手，他就曾在 The Sandbox 平台上购买了一块虚拟土地，并举办了一场独家派对。他的这一前卫的行为，引来了大批携带虚拟货币前来捧场的粉丝，这也让他在现实世界中大赚一笔。有了这笔钱，他立马把家里的豪宅翻修了一遍。

即便有了元宇宙，仍然逃不出对现实豪宅的依恋。

元宇宙里怎么学习

想象一下这样一种场景：有一间圆形的教室，奇怪的地方在于，这间教室看起来似乎没有墙壁和黑板；教室里摆放了几张可以移动的桌子和椅子，仅此而已。过了一会儿，学生们陆陆续续地从某个地方走进了教室，坐到了各自的座位上，接着，老师走了进来。

今天负责给孩子们上课的是一个叫钱教授的数字人，他长得很年轻，精力充沛，上知天文下知地理。现在，钱教授正准备给孩子们上一堂生动的生物课。

在钱教授宣布上课之后，孩子们发现，教室四周的环境完全变了——教室变成了一片森林，远处传来了动物的嘶吼声，一个长长的脖子突然从树林中伸了出来，瞪大眼睛看着他们。原来，他们此刻正置身于恐龙时代！

　　这是未来元宇宙课堂中所虚拟出的场景。这种场景看起来只有科幻电影中才会有，但实际上，初具雏形的元宇宙课堂正在努力把这种虚拟场景变为现实。

戴上设备，体验真实课堂

　　元宇宙教育，实际上就是把传统课堂的互动性和网络课堂的技术性、便捷性等优势结合到一起，并进行放大和升级。

　　举个例子：假如你今天正好赶上钱教授的生物课，你只需要上课之前戴上 XR 智能设备，进入元宇宙课堂，然后找一个座位坐下。

这个员工是数字人？！

进入元宇宙课堂后你会发现，在虚拟世界里，同学们仍然如在现实课堂中一样，坐在自己身边。你可以跟同学们聊天、娱乐，还可以和他们一起交流学习心得。

接下来，虚拟的数字人老师会适时地进入课堂，宣布正式上课。比传统教师更厉害的地方在于，数字人老师的大脑就是一台智能计算机，知晓所有学科已知的知识，几乎没有死角。

数字人技术目前已经日趋成熟，互动能力、共情能力、反应能力都有所突破。比如，华为依靠华为云强大的 AI 能力，包括 AI 自动建模、AI 语音驱动、AI 渲染加速等技术，于 2021 年 9 月推出了首个数字人员工——云笙。2022 年 2 月 1 日，云笙就化身为数字老师，走进了深圳宝安区的中小学，为同学们上了生动的新年第一课。

沉浸式教学

数字人老师进入课堂后，接下来你会见到文章开头所描述的场景：

如果今天钱教授正好讲授恐龙时代的生物知识，那么，人工智能设备将会借助沉浸式技术和人机交互技术，在你的面前呈现出立体的、可以互动的恐龙时代的虚拟场景，让你有机会亲密观察乃至是接触恐龙。

在此过程中，数字人钱教授会跟你讲解不同种类恐龙的生活习惯等知识，你可以随时向钱教授提问，钱教授也会向你和你的同学发起提问。如果某个问题比较有意义，钱教授会带你们继续在虚拟森林中行走，对恐龙进行观察和接触，一边讲解，一边启发学生自己总结恐龙的某种习性或特点。

所以，实际上元宇宙时代的学习完全是沉浸式的。作为学生，你可以自由、开放地参与到整个教学过程和学习过程当中。得益于 VR 技术和智能穿戴设备技术的发展，目前这种沉浸式的高科技已经能大体上实现。

高仿真的实践

依靠 VR 技术和智能穿戴设备所能实现的沉浸式教学，在未来将更进一步，发展出更先进的高仿真实践教学。

我们不妨继续跟着钱教授上生物课——现在，他将会教你如何通过对比试验，培育出优质的水稻。

袁隆平院士在世时，每年都得不停地带着自己的学生和团队到全国各地，在不同的气候环境下培育水稻。累吗？当然累。但是要想培育出好水稻，就必须在不同气候不同条件下不间断地试验。可水稻又有生长周期，一年顶多种两三茬，这就消耗了研究人员大量的时间。

现在不必如此大费周章了。首先，钱教授会跟你解释：通过现在的数字孪生技术，可以以数字化方式创建物理实体的虚拟模型。他手上拿的几袋虚拟的水稻种子，就是数字孪生的产物。

这些虚拟的种子有什么作用呢？在虚拟世界里缩短试验周期，就能很快模拟出种子生长的全过程。所以，接下来钱教授身边出现了几片虚拟的水田，这些独立的水田拥有不同的土壤、水源、气候、阳光、昆虫、杂草等条件。钱教授种下种子，并控制环境、气候和时间，对比试验，仅用了一个小时，就重现了几十年来袁隆平院士育种杂交水稻的全过程。

所以，以往数十年如一日才能完成的试验，在未来，在元宇宙课堂中就能进行模拟。比如，为了让你搞懂原子，物理学老师会带你模拟原子弹从制作到爆炸的全过程。此外，宇宙怎么形成的？恐龙怎么灭绝的？项羽是怎么打赢巨鹿之战的？微生物如何生长？所有的所有，都可以在课堂上模拟出来，并让你置身其中，充分体验和实践。

在元宇宙时代，学习比打游戏还要精彩。

当然了，正如苏联教育学家苏霍姆林斯基所说，教育技巧的全部奥秘在于如何爱护儿童。

在元宇宙中学习固然比打游戏过瘾，但缺少父母关爱的纯粹技术性教育，对人类的发展也存在隐患。比如，元宇宙教育更容易让人分心，缺乏引导就会变成"打

游戏 + 看电影 + 穿越时空旅游"。

　　最新的研究表明，幼年时期的孩子在接受教育时，数字教育并不能代替家庭教育，孩子们与父母一起阅读时所学到的东西，远比跟数字人学到的更多。

　　所以说，家长在教育中所起到的作用，永不过时。

元宇宙里怎么上班

　　最理想的上班方式是什么？有人说是居家办公：早上起床泡一杯咖啡，打开电脑，听着音乐开启"办公模式"……省下来的通勤时间可以看书刷剧。这种生活，岂不美哉？可居家办公的工作效率如何保证？员工工作业绩如何评估？工作信息安全如何维护？这些都是摆在远程办公面前的现实问题。

但是，现在我们可以假设这样一种场景：你同样是坐在家里，上班时间一到，乱糟糟的卧室突然变成了一间空旷的会议室，你的睡衣变成了西装革履。接着，领导和同事精神抖擞地走了进来。之后领导开始发言。与此同时，他的身后出现了一个三维投影，投影里显示了各种动态数据，还有公司某款最新产品的三维模型。领导滔滔不绝地布置工作任务，你和同事们纷纷发表自己的看法……这就是早会了。

会议结束之后，领导告诉你等会儿和客户谈判的事由你负责。领导离开后，同事们回到各自的工位开始干活。几秒钟后，客户走了进来，坐到你身边，跟你谈接下来的合作。所有工作安排的井井有条、无缝衔接。

这便是元宇宙中的工作场景。

元宇宙中的办公场景长什么样

在元宇宙时代，长途通勤和办公室的物理概念将消失。

首先，起床后，只需要戴上 XR 设备，足不出户，你就能进入虚拟的办公场所。

这种环境虽然是虚拟的，但配合传感器设备，你能接触到具有真实感的工位，高端与多样化的显示设备，高度定制化的工作环境。

也就是说，以往公司开会时，领导手持遥控器念 PPT，让人昏昏欲睡，但现在你看到的都是动态、可以随意切换的 3D 场景；以往工作时你必须坐在拥挤的工位上，眼前是电脑显示屏，手边是堆积如山的文件，但现在公司能给你提供一个简洁、宽敞、智能的虚拟工位；以往你的公司坐落于某个嘈杂的闹市里，但现在可以让你在虚拟的海底世界或宇宙飞船中办公……

而且，公司的每个人在虚拟的环境中都拥有唯一的虚拟化身，你们可以随时交流互动。想上班摸鱼？不可能！通过智能设备的动作捕捉技术，所有人的一举一动都会被反映在虚拟化身身上。想通过上 30 分钟厕所摸个鱼？上司立马就能发现！

所以，在元宇宙里上班，能拥有同现实世界一样甚至更高的工作效率和质量。比如在面对客户时，只要发起一个"邀请"，就能立即和客户在虚拟环境中面对面地谈生意。

足不出户，搞定客户

那么，在元宇宙中，如何搞定客户呢？

跟传统谈判不同的是，以往在见客户时，你可能得手上提着一摞关于客户的资料、公司的产品资料、合同等文件。

但在元宇宙场景中，这些东西都不再需要了。在客户走进办公室的那一瞬间，他所有的个人资料都会显示在他身上。你们公司的产品资料和数据客户也能看得见。所以，在元宇宙中和客户会面，最基本的技巧是坦诚、直奔主题。

某位科技界名人曾预言未来的场景：在未来，智能手套等设备将会准确捕捉你的表情、肢体语言和声音的特征。俗话说打铁还需自身硬，当你在和客户谈判时，传统的谈判技巧在元宇宙中仍然能发挥重要作用。

微软将推出自己的虚拟现实头盔和手套

当然了，客户不可能仅仅听你展示谈判技巧，他更希望亲眼看看你们的产品和制造工艺靠不靠谱。所以，接下来你可以带着客户看一看通过数字孪生技术所模拟的产品设计流程、制造车间和生产线、产品的使用与故障解决方法。通过物联网技术，你还可以向客户展示产品实物在线下的功能实操。

一切谈妥之后，和客户签署一份使用区块链技术加密的数字合同，一次高效的商业合作就达成了。

元宇宙里"打工"

客户刚走，领导又分配了新任务：今天下午，你需要参加一个小时的技能培训，之后再参与设计一款新产品。

打工人打工魂，在元宇宙里也不例外。但是技能培训既简单又有趣，以前你需要仔细阅读培训手册，听培训师唠叨一下午，结果发现自己啥也没学会，但元宇宙中的技能培训是交互式的，所有的技能知识都能通过 3D 场景在你面前演示，你还能亲自操作和实践。

目前这种技术已经比较成熟，比如外科技术公司 Medivis 就正在使用微软的 HoloLens 技术，通过 3D 解剖模型来培训医学生。

设计新产品也更加便捷。你和你的同事可以通过大数据分析用户的喜好，然后用智能程序设计三维模型，再通过数字孪生的虚拟车间模拟产品的生产。在这一过程中，你们还需要注意分析和监测产品的数据，并控制变量、多次试验，排除产品可能存在的故障。

一切就绪之后，你们再把产品的设计数据、工艺数据、制造数据等，传送给线下的技术员工，由车间批量生产。

接下来，负责宣传的同事会设计出一份广告，投放到各大元宇宙商城之中，等待着下一位客户的到来。

在疫情影响下，元宇宙办公对职场人来说，堪称一场革命，充满无限可能。

但华大集团 CEO、《生命密码》的作者尹烨曾提醒道，元宇宙归根结底只是一种工具，是人类创造的一个程序，无法完全取代物理世界。最起码那些制造智能设备和机器的人，总要去线下测试、生产和销售产品吧？

所以，可以在元宇宙里上班固然美好，但在未来相当长一段时间内应该仅仅是一小部分人的狂欢，比如商业精英、公司白领等；或者是只能解决一部分工作场景问题，比如例行会议、商业谈判、产品设计、远程教育等。

或许，真到了人人都可以在元宇宙工作的时代，我们就已经不需要再工作了呢？毕竟，英国经济学家约翰·梅纳德·凯恩斯（John Maynard Keynes）在 1930 年是这么展望

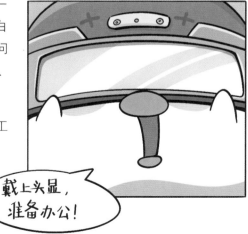

未来的：

"我敢预言，100 年后进步国家的生活水平将比现在高 4 到 8 倍……为了便于讨论，我们设想 100 年后全体人类的经济境况平均要比现在好 8 倍……（那时）对大多数人来说，每天工作 3 小时，足以使原始的劳作需求获得满足。"

元宇宙里怎么出门玩

小时候，许多人的梦想就是像孙悟空那样，一个跟头十万八千里，想去哪里就去哪里。

前一刻还在连云港的花果山里吃桃子，和猴群漫山遍野自由地奔跑，后一刻一个跟头来到了某个精致的小岛，欣赏岛上云雾缭绕的道观。之后，一个跟头翻越到甘肃的敦煌，饮马月牙泉。接着一路向西，穿越万里黄沙，把西域美景尽收眼底。这样还不算过瘾，还得再来最后一个跟头，直接蹦到天庭，看一看玉皇大帝在气势恢宏的天宫中上早朝，王母娘娘在瑶池仙境中开蟠桃会，嫦娥仙子在广寒宫里翩翩起舞……

到了元宇宙时代，这样的梦想或许很快就能实现。戴上 XR 设备，"翻一个跟头"，天底下所有的美景甚至是那些想象中的美景，都能尽收眼底。

元宇宙改变旅行的第一种方式：所"见"即所"至"

在以往，如果你想去罗马看一看大教堂，去巴塞罗那领略地中海风情，或者去北欧欣赏一下连绵不绝的大雪山，你需要办理繁琐的签证手续，坐飞机出国，然后才能见到心驰神往的异域美景。

到了元宇宙时代，随着 XR 设备技术的发展，不管是"去"国内的旅游景点观光，还是"去"国外的风景名胜游览，你只需佩戴相应的智能设备，足不出户，同样能心想事成。

目前这方面技术条件已经具备，只待产业落地的发展节奏了。

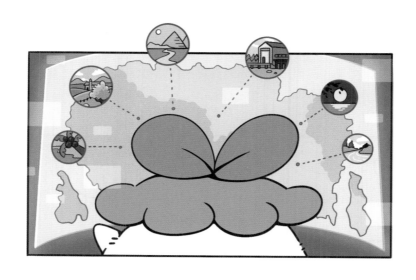

元宇宙改变旅行的第二种方式：重建与虚构

元宇宙旅行还给我们带来了另外一种可能：那些消逝了的风景，都有机会被复原。

比如说，你想去北宋的街头走一走，看一看《清明上河图》中琳琅满目的商品，听一听商贩沿街叫卖的吆喝声，品一品北宋的服饰、建筑和桥梁艺术——在以前，你只能闭着眼睛凭空想象。现在，元宇宙已经能满足你的美好期望。

国内的《大唐·开元》项目团队就和知名的数字古建筑团队"明城京太学"和"史图馆"合作，通过数字化技术，按照一比一的真实比例，搭建了唐长安城建筑沙盘。大唐元宇宙接下来还将逐步完善公共设施、经济系统、玩法模组等，还原大唐长安城昔日的盛况。

除了历史上真实存在的场景，我们还能创造那些不曾存在的虚拟场景。

比如迪士尼就打造了《冰雪奇缘》元宇宙项目，让游客进入充满奇幻的冰雪世界。在未来的某一天，走进《星球大战》或者《三体》中的太空世界，甚至是去《西游记》中的天庭上走一遭，都变得轻而易举。

元宇宙改变旅行的第三种方式：创造新体验

如果仅仅在虚拟世界中走马观花地看看风景，时间久了必定会让人产生审美疲劳。实际上，正如郁达夫在《故都的秋》中所写："所谓旅游，就是从自己待腻的地方去看别人待腻的地方。"旅行最重要的意义是创造不一样的体验。

从这个角度来看，元宇宙里不需要符合真宇宙的逻辑性，就可以凭空创造很多虚妄的乐趣。这些乐趣是真实世界里面不可能获得的乐趣，或者成本非常高的乐趣。

比如你可以和喜欢的人一起携手看日出（哪怕喜欢的人仅仅是一名虚拟人），或者抱着企鹅和北极熊一起游泳，或者在印度尼西亚巴厘岛参加当地土著人斗鸡的比赛。也许景色、比赛、身边的人都是假的，但是体验和感受却是真实的。

不禁有人担忧，当元宇宙可以创造人类几乎所有的乐趣时，真实世界的乐趣又是什么呢？

或许这样的担忧为时尚早。哲学家诺齐克曾在其探索享乐主义的思想实验中提出"幸福机器"，只要置身其中，它就能给你制造永恒幸福的感觉。但事实是，即使人人都渴望幸福，也没有任何人愿意连接"幸福机器"，纯粹主观的幸福不是真正的幸福。

答案很简单：所谓快乐是对比出来的。有悲伤才有快乐，有失败才有成功。如果住进"幸福机器"体验所有自己想体验的事情，实际上最终是感受不到快乐的……没有悲伤的衬托，仅凭自己微薄的想象力得来的快乐实在是很容易腻。

其实，旅游的乐趣，并不是在终点，往往是在路上。

元宇宙里怎么谈恋爱

先来给大家说个小故事：波斯公主到了适婚年龄要选驸马。候选男子 100 名，都是公主没见过的。

100 名候选人以随机顺序，从公主面前逐一经过。每当一位男子从公主面前经过时，公主要么选他为驸马，要么不选。如果不选，这个人就会被杀了，也就是说，后面公主再想反悔是不可能的。

公主必须在这 100 个人里面选一个当驸马，如果前 99 个人公主都没看上的话，她必须选择第 100 名男子为驸马，不管他多糟糕。

问题来了：如何给公主设计一种选法，让她高概率选到最合适的人当驸马？

这是一个数学故事。我们后面再来揭晓答案，先看下一个真实的故事。

如何在元宇宙里找到我的另一半

32 岁的医生小罗购买了一台 Oculus 头显，每天要花好几个小时在头显里放松心情。

有一天，在一块虚拟的露营地上，他被一个长发飘逸、穿着粉红色连帽衫的虚拟女性所吸引。在纠结了好几天之后，他鼓起了勇气，结识了这位名叫小斯的健身教练。之后，两人常常一起在游戏中探索、聊天、相互倾诉生活中的压力。

两个月后，小罗和小斯在线下进行了第一次约会。

第一次线下见面尽管双方都很紧张，但却进展顺利。在小罗见到在车站等他的小斯时，他觉得自己"再一次爱上了她"——上一次是在虚拟世界中，这一次是在现实世界中。

紧接着第二年，小斯从家乡出发，前往小罗的故乡看望他。后来，相恋的二人喜结连理。小斯不无感慨地说："如果不是虚拟世界，我仍然会单身。"

其实，在元宇宙中谈恋爱，所有的边界问题都将会化为泡影，不管是地理的、社会的、语言的……未来，我们大体会经历三个阶段。

初级阶段：沟通、交流、互动、娱乐

初级阶段是将两个陌生人连接起来，实现两个陌生人在元宇宙中沟通和交流、互动与娱乐。

这里面首先要解决场景问题。在生活中，两个人谈恋爱，必定牵涉到沟通、游玩、购物、玩游戏、工作、开车兜风、看电影等。归结起来就是沟通、交流、互动、娱乐。元宇宙的初级阶段，就是要复刻人类恋爱过程中的这一特征。

场景问题以目前的技术已经大体上可以实现了。

美国现在有一款特别火且被认为是元宇宙雏形的大型社交程序——VRChat。这款程序支持用户设计或导入 3D 角色，并且通过 Oculus Rift、HTC Vive 和 Windows Mixed Reality 等虚拟现实可穿戴设备，在程序中寻找志同道合的人。很多人正是通过 VRChat 找到了自己的另一半。

中级阶段：身体接触

当然了，如果仅仅实现以上目标，似乎也就是一个加强版的 Soul 或者 Tinder，毕竟，谈恋爱不仅仅是一起游玩、聊天、看电影，谈恋爱必然还要牵涉到身体接触，比如牵手、接吻、拥抱。所以，要想在元宇宙里真正把恋爱给谈起来，必须突破身体接触这一技术。

美国卡内基梅隆大学人机交互研究所的研究者，就开发出了让用户在虚拟现实中感受到嘴唇、牙齿和舌头的触感的技术和设备。用户戴上设备，就能在虚拟世界中体验到以往只能在真实世界中才能体验到的触感。

如果未来这种技术得到普及，人在家中坐，手提肥宅水，但却可以和远在千里之外的恋人在元宇宙中接吻，享受恋爱的感觉。

高级阶段：灵魂的碰撞

我们来回答开头的故事：如何让公主选到最合适的对象？经过数学家们一系列负责的推演，答案是 1/e。

由于 1/e 大约等于 37%，所以这条爱情法则又被叫作 37% 法则。

也就是说，如果你预计你这辈子能和 n 个人谈恋爱，你应该先拒绝掉前 37% 的人，静候下一个比这些人都好的人。一旦发现这一个人，就果断接受他。

三七法则

我一定要找到最佳平衡点！

观望期	决策期

在这停顿是不是最优的呢？

神奇的数字：$\frac{1}{e} \approx 0.37$

在现实世界中，受到地理因素、社会因素等影响，假设从 18 岁开始谈恋爱（喂，你不要早恋啊）谈到 28 岁结婚，一年谈一个的话，能谈 10 次恋爱就不错了。也就是说，你的结婚对象一般是出现在你的第四次恋爱和第十次恋爱之间的那个人。

可是世间如此之大，最适合自己的那个人怎么可能就这么巧合地出现在你身边？更多的时候，是在错的时间遇到对的人，或者在对的时间遇到错的人吧。

但是在元宇宙里，地域的边界被打破，来自全国各地乃至不同国家的人们，都能欢聚一堂。所以，"世界"变小了，但人们的视野却变大了、接触到的人变多了，相应地，在恋爱这件事上，我们试错的成本将会更低，遇到对的人的概率也会更大。

柏拉图在《会饮篇》里说，原本的人有三种：全男人、全女人和阴阳人。全人的一切就是我们现在的人的双倍，是一个圆球的样子，他有两个头，四只手，四只脚，两套生殖器官，全部都是双倍的。后来，神把原本的人从中间截开成了现在的人（不完整的人），这一半会想念那一半。

所以，人生来就是不完整的，要在爱神的指引下，找到最适合我们的另一半，恢复人的天性，这也是我们生命中最重要的事。这个神话非常有名，所以在不同的人眼里面有着不同的感觉。有一种说法是：在茫茫人海当中，绝大部分人都找不到最适合自己的那一半，只能带着遗憾走完一生。正所谓：得之我幸，失之我命。

或许，在元宇宙中，我们能让自己真正完整，让"得之我幸"成为"得之我命"吧。

元宇宙里怎么创作

莫言在一次采访中说，自己能获得诺贝尔文学奖，《生死疲劳》这本小说居功至伟。然而，这本书足足有 50 万字，他仅仅花了 43 天就写完了。

能用这么快的时间写出这么好的作品，堪称是文学史上的奇迹。但是，未来也许会有更夸张的场景出现。

如果你是一名作家，你设计一个大纲，思考一个有创意的点子，然后挥一挥手，脑海中的构思就有可能自动生成一篇高水准的小说；如果你是个画家，你画出一幅动态的、立体的《清明上河图》也并非不可能；如果你喜欢拍风景名胜方面的短视频，也许别人只要戴上 XR 设备，就能身临其境地进入你所拍摄的世界……更关键的地方在于，你发布的作品，将不局限于某个特定的平台，而是在全网范围内得到更广泛、更精准的展示。相应地，你也将获得满意的收入。

在元宇宙时代，传统的创作方式或许不复存在，我们的世界也将获得更丰富的内容和艺术。

初级创作：文学、艺术和视频创作

在元宇宙的初级阶段，创作主要采用"线下 + 线上"的结合模式。

你作为一名画家创作了一幅画。在以前，你的绘画作品只能通过实物的方式展示，或者最多拍成图片上传到网络上。但现在你可以把它们一键转为数字化的格式，放在元宇宙平台上的艺术馆里展示。别人只需要使用 XR 设备，就能欣赏到你的作品。

通过现在的数字化技术，这种场景目前已经能实现。但是，未来我们还有更好的创作方式，比如，你可以直接在元宇宙中进行创作。

美国的 Larva Labs 工作室创作了一款名为《加密朋克》的数字藏品。该数字藏品由 10000 个加密的像素人物头像图片组成，用户可以购买这些图片作为自己在元宇宙中虚拟账号或身份的个人头像，也可以把它们作为投资品，转让给下一个人。《加密朋克》诞生之初就只存在于网络上，完全属于数字艺术。2021 年 9 月，在佳士得举行的主题为 "No Time Like Present" 的拍卖中，加密朋克 #9999 号头像最终以 3385 万港元的价格成交，远超佳士得预估的最高成交价 680 万港元。这足以说明人们对数字艺术的认可。

将头脑里的想象力视觉化，从远古人类开始就诞生了"绘画"这种方式，在照相技术诞生之后，绘画的这种再现现实的能力被摄影部分取代。然而，在数字艺术设计诞生之后，这种虚拟现实、过去和未来的能力，也将被数字艺术设计部分取代，而且数字艺术设计实现这些艺术的效果和速度更是传统绘画所无法比拟的。

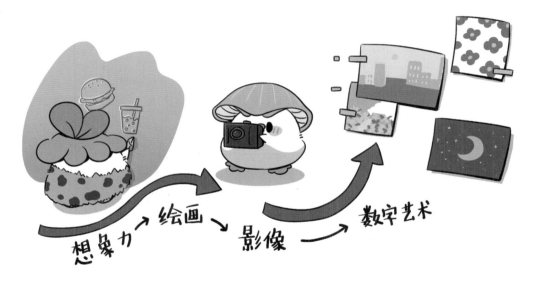

高阶创作：人工智能与三维内容创造

当然，目前的创作完全得依靠创作者本人的努力和付出。就拿拍视频来说，你必须得辛辛苦苦地构思创意、设计场景，再进行拍视频拍摄、剪辑、发布等操作，每一个程序都得由"人"完成。

但未来，传统的创作方法将有可能被完全打破。举个例子：以前写小说，你需要笔耕不辍、殚精竭虑地去写上很多天，又累又焦虑，但是在元宇宙时代，你可能仅仅扮演一个"上帝"角色，给小说列框架、写设定，其他的工作，全由元宇宙中的人工智能去完成。

如何实现呢？目前学界已经开发出了较为成熟的自然语言处理技术（NLP），这项技术的目标在于让人工智能理解和解释人类自己的语言。

有人使用自然语言处理技术续写《桃花源记》，结果得出了一个非常有趣的结局：武陵渔人在发现桃花源之后，当地村民为了守护这个秘密，竟然诓骗渔人躺进了一口棺材，将他永远留在了桃花源……在可以预见的未来，元宇宙里的创作者将能实现 AI 自动化内容创作。

更厉害的地方在于，你所写的小说、所画的画、创作的艺术，将能打破平面时代，进入立体的三维时代。

比如，你写的玄幻小说在元宇宙中或许能以三维电影的方式展示；你画中的山水和人物可以以动态的 3D 方式呈现；在现实世界里，你无法靠一己之力建一栋带有艺术性的大厦，只能画一张平面图纸，而在元宇宙里，你能像在《我的世界》中盖房子那样，让心中的大厦拔地而起……只要读者或观众戴上 XR 设备，他们就能感受到这世界上最美妙的艺术。

对作家、艺术家和建筑师们来说，在元宇宙时代，只要进行理论研究、模型设计、概念设计，就能让自己的创意落地，成为天马行空、拥有无尽想象力的数字珍品。

元宇宙时代的创作者如何赚钱

如果你拍过短视频、写过文章，你可能知道，现在的视频和文章都是通过大数据推送给用户的，这种平台经济被称为 Web 2.0 时代。在 Web 2.0 时代，主要的收益被平台攫取，只有少数头部创作者才能获得高推荐、高收益，多数人赚不到钱。

然而，基于 Web 3.0 的元宇宙时代，利益将逐渐向创作者倾斜。这是怎么做到的？

首先，元宇宙引入了"数字稀缺性"，恢复了创作者的定价权。在 Web 2.0 时代，你写的文章很容易被别人复制、洗稿，放在不同的平台上，也只能享受到平台"施予"的微薄的广告收益。但在 Web 3.0 时代，你的作品将被转化为独一无二的数字作品。由于稀缺性的存在，数字收藏者们将有可能购买你的作品，给你带来直接收益。这就和自己开店卖自家产的土特产一样，你对自己的作品享有定价的权力。

正因为如此，购买产品的人也会成为创作者天然的投资者——他们不仅仅希望从你手里购买的作品能升值，还希望作为创作者的你也能升值，因为你升值了，他手里购买的作品也就升值了。

此外，在平台经济时代，假如某个人拍了一条很魔性的短视频，引发了全网的模仿。于是，引发病毒式传播的创作者最容易赚得盆满钵满，而那些作为"病毒"助推他成功的创作者中的多数人什么也没捞着。但在 Web 3.0 时代，全新的可编程经济模型将会让更多的价值绕过算法，让作品整个贡献链上的贡献者都能从中获利。

当协作诞生时，就有可能诞生一种被称为去中心化自治组织（Decentralized Autonomous Organization，DAO），这种组织会通过成员相互之间的协作实现自我管理、自我服务，原本平台所攫取的利润，将会由 DAO 中的内容创作者、内容分发者、管理者和运营者等成员共享。

所以，元宇宙时代的创作，才真正属于创作者。好的内容、好的作品，将会得到更多的展示，拥有更大的盈利空间。当然了，元宇宙时代的创作看似简单、充满无限可能，但人却仍然发挥着核心作用，人仍然是内容和艺术的"大脑"。

正如莎士比亚所说："推陈出新是我无上的诀窍。"

即便是在元宇宙里创作，创意也永不过时，内容仍然为王。

PART 04

元宇宙能够做什么

虚实连接的入口——XR 设备

前面说了那么多，有些是触手可及的未来，有些却是遥不可及的梦想。

但元宇宙之门之所以能在当下这个时间节点被打开，最主要的原因是技术已经发展到了支撑产业应用的关键节点。这一章的内容，我们会根据市场上已有的案例和应用，来给大家描绘现在的元宇宙能做什么。

如果大家还记得，在第二部分我们介绍了元宇宙所需的不同技术，包括交互技术、区块链技术、人工智能技术、3D 引擎技术以及网络通信技术等。就像智能手机普及之后，才有了移动互联网的繁荣，在元宇宙相关技术里，跑在前面的，是为元宇宙提供虚实连接入口的设备端。

目前，设备端有两个不同的发展方向，分别是 VR 设备和 AR 设备。VR 设备注重的是模拟一个虚拟世界，更为封闭和沉浸；AR 设备注重的是在真实世界中用计算机图形技术和可视化技术产生真实世界中不存在的虚拟对象。当前的 VR 设备和 AR 设备分别做到哪一步了？

AR：Hololens辅助教学Demo

VR：Playstation VR 游戏
Summer Lesson

先来看 AR 设备。

在 2022 年 5 月 12 日的谷歌开发者大会上，一款 AR 眼镜概念机"One More Thing"被展出。谷歌早在 2013 年就开始布局智能眼镜，但是一直被用户吐槽"造型怪异""戴上去会有社交压力""不知不觉练就一双斗鸡眼"等，谷歌也在 2015 年宣布暂停项目。

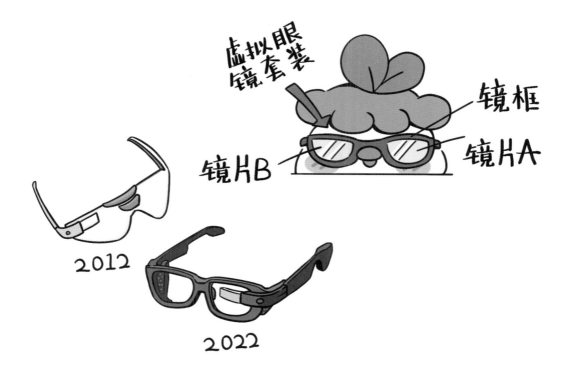

虚拟眼镜套装

镜框

镜片B

镜片A

2012

2022

　　也许"暂停"只是改为了"秘密开发"，如今经过数年的沉寂，这款最新的谷歌眼镜完全就是普通眼镜造型。在应用上，Google 的即时双向翻译已能直接将翻译的内容以字幕的方式显示在镜片上，可用于家人和亲友间跨语言沟通，甚至可以支援手语翻译。

　　可见，AR 眼镜如今最受关注的部分在于一些基本的实用功能，比如谷歌的翻译功能可能成为这款眼镜产品的主打功能。而 Meta 计划在 2024 年面世的 AR 眼镜，据说还会具备物品追踪和导航功能，让用户更加快速地在一定范围区域内找到物品。

　　但是很显然，有多大比例的用户会有说不同语言的家人和亲友呢？而且，普通眼镜造型意味着在细细的眼镜腿中要放下可以支持计算和通信的复杂电路，以及支持全天续航的电池。虽然老板们在不停炫耀新的 AR 概念产品，工程师们才真正知道背后的挑战。Oculus 的首席科学家认为：AR 眼镜进入消费市场，如果真有那么一天的话，至少还需要 8 到 10 年的时间。

相比较 AR 设备，VR 设备的发展路径已经相对清晰。

2021 年，随着 Oculus Quest 2 的上线，融合 Inside-out 6DoF 头动及 6Dof 手柄交互的"6+6"交互路线已经成为 VR 设备的主流方案，Steam/Oculus/PS VR 上的内容生态也日益完善。

但是，再好的内容没有足够强的性能支持也无法吸引用户。以手机的发展为例，对视网膜级显示的追求，在很长一段时间内成为推动消费者的手机替换需求背后的主要驱动力。

比如，就拿角分辨率（Pixels Per Degree，PPD）这个对视觉精细度体验最重要的参数来说，视网膜级别对应的 PPD 为 60，但目前市场上主流头显的 PPD 平均只有 20 左右，就连全球消费级 VR 头显最高水平代表小派科技的 12K 头显也只能在中心部分区域达到这个水平，整体的 PPD 也只能做到 35。从参数上看，仍然距离视网膜级别还有一定的距离，从使用效果上看，就像是近视 200 度的感觉。

　　此外，在感知交互层面，虽然已经有多家公司在空间扫描建模、空间定位追踪、全身动捕、眼动追踪、手部追踪、面部追踪等环节有了一定进展，但目前也还没有真正成熟和完整的方案产生。

　　回望过去，我们现在正站在一个关键时间节点上。正如当年 iPhone 4 的发布是具备跨时代意义的事件，引发了大屏幕、多点触摸、应用商店等热潮，更是促进了内容生态的丰富和人机交互方式的升级。从那以后，手机从通信工具变成了万能的场景性工具，最终成为个人计算平台。

　　VR 和 AR 等 XR 设备作为下一代硬件载体，或许我们距离进入元宇宙只需要一部 XR 届的"iPhone4"了。谁会接过这个大棒呢？

元宇宙的第一批居住者会是谁

　　"我失恋了。"

　　"可是你恋爱的对象只是一个聊天软件。"

　　"但我还是感到了失恋的痛苦。"

　　我们越来越习惯和虚拟人"共处"，不管是抱着吉他忘情弹唱的清华大学首位 AI 虚拟学生"华智冰"，还是在抖音出道的美妆博主"柳夜熙"，或者是冬奥会上的气象服务 AI 虚拟人"冯小殊"……

可是，什么样的虚拟人会是元宇宙的第一批居住者？是电影 Her 里可以同时和 600 个人谈恋爱的人工智能？是真实的人 1:1 在元宇宙里的数字孪生，还是基于真实的自己衍生出的"数字分身"？

我们先来看看虚拟人（Virtual human）的定义：是指通过计算机图形学、图形渲染、动作捕捉、深度学习、语音合成、神经网络渲染等包括 CG、AI、动捕等综合技术手段，打造出存在于非物理世界中的虚拟人物。

人和人的本质是不同的

虚拟人的特征有三个：

如果从外观来看，虚拟人具备人类基本的外形特征（五官、肢体等），并根据建模能力高低展现不同精细化程度的头部、面部、肢体特征；

从行为运作分析，虚拟人既可实现人类基本的日常活动，如走路、跑步、跳跃等，也可实现超人类的行动，如全天候工作、高速率视觉捕捉、高速率分析工作等；

从交互表现分析，虚拟人可实现基本的语音驱动、语义理解、对话沟通等过程，亦可拥有情感表达、情绪交流、性格培养等高阶能力。

根据不同的使用场景，虚拟人物现在可以分成两个发展流派，一个叫广义虚拟人（Meta human），一个叫超级自然虚拟人（AI being）。

广义虚拟人指通过 CG 建模、"中之人"联合动捕驱动技术打造出的虚拟人。

超级自然虚拟人的核心则是通过 AI 技术"一站式"完成虚拟人制作与运营全过

程，并具备感知、表达、交互能力。广义虚拟人与超级自然虚拟人在技术运作流程方面存在较大差异，超级自然虚拟人更强调以 AI 技术为核心实现全栈式虚拟人生成、驱动和内容生成，主要目的是大幅提升制作与运营效率。

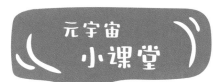

\广义虚拟人和超级自然虚拟人/

这两个流派最大的区别在于有没有"人"在背后控制。对于广义虚拟人来说，你可以把它看作是"克隆人"的元宇宙版本，用户可以通过 3D 建模、动作捕捉、渲染等技术，制作出一个和自己一模一样的虚拟人，或者通过音素拼接、换脸滤镜等方式完成对应虚拟人的动作表现。

比如在 2021 年 3 月，微软发布了一个沉浸式体验技术平台：Microsoft Mesh。通过佩戴 XR 设备，并与办公软件 Teams 等结合，我们就可以设置一个虚拟形象，与他人在一个共同空间协同工作，一起讨论或者完成设计。

　　而对于超级自然虚拟人来说，虚拟人的面容、声音、动作以及创作能力均由人工智能技术生成，具备完整的人类生物学特征以及感官，技术领域覆盖深度领先于广义虚拟人，但是受到人工智能技术发展的限制，目前应用范畴比较窄。

　　但是，由于超级自然虚拟人兼具交互力、创造力与感知力，可以提供超越人类本身性能的服务，并和人类建立长期的情感纽带关系。所以从长远分析，超级自然虚拟人发展没有"天花板"，主要取决于人工智能技术的持续进步、创造理念的迭代攀升，因此只会"越来越强"。

　　从表现形态分析，超级自然虚拟人也会永葆青春，为人类提供 7×24 小时服务，代替人类完成标准化工作，并且永远不会"塌房"。

　　不管是真人驱动的虚拟人，还是由算法驱动的虚拟人，也许将来会有这么一天，未来每个人都会在 3D 互联网中拥有自己的虚拟身份，"我"不再是"独一无二"的"我"，而是在不同场景、不同身份、不同时间下不同的"我"。

　　抛开"人设"的压力，在虚拟人的背后，我们会不会反而变得更真实？

从 VRChat 看社交：元宇宙入口的雏形

社交这件事，真是让人又爱又恨。"社恐"不合群，"社牛"又招人烦，特别在同一个场合中，对"社牛"而言是天堂，对"社恐"而言却是地狱……

幸好，我们现在有了元宇宙。

自从元宇宙社交软件 VRChat 横空出世之后，这个被称为"神经病聚集地，死宅的天堂，遍地是梗的异次元空间，戏精梦寐以求的舞台"彻底改变了人们的社交方式。不管你是"社恐"，还是"社牛"，还是"社交牛杂症"，都能在这里找到一席之地。国外媒体在评价这款软件时，普遍认为它极有可能就是未来元宇宙入口的雏形。

首先，和普通的社交软件和电子游戏不同的是，VRChat 的用户可以使用 3D 的虚拟化身进入 VRChat 游戏，增加游戏的代入感。

比较有意思的是，用户可以从游戏中选择虚拟形象，也可以通过 Unity 引擎自己设计 3D 形象，或者是直接把影视、动漫中的 3D 形象拿过来，再上传到游戏当中。

所以，你在游戏里会遇到许多《龙珠》《火影忍者》等游戏中的形象，也有可能遇到很多人自己设计的二次元形象。因此，3D 的虚拟化身实际上就成为用户展示个人真实形象、兴趣、心态的一种方式，人们在游戏中很容易找到和自己有着共同兴趣爱好的人。

其次，用户在游戏中不仅可以语音交流，还能做出多种动作、表情，增加游戏的代入性。

比如，当你在和别人聊天的时候，借助 VR 设备，你在现实中的动作会传递到虚拟化身身上。所以，你在现实中摇头或点头，你的虚拟替身也会做出同样的动作。如果你对某个人所讲的话不认可，你摇摇头，对方就明白你的意思了。

我们在社交软件上聊天会时不时地给对方发送一个表情，在 VRChat 上，表情功能也能得到实现。不同的地方在于，假如你选择了一个笑脸表情，这个笑脸表情就会呈现在虚拟化身身上。

所以，表面上来看这是一款社交软件，但实际上却能把许多现实元素代入到游戏当中。

第三，VRChat 复刻了现实世界中的诸多场景，满足了用户社交、娱乐等多元需求。

当我们玩普通的社交软件时，我们总得面对着同一种死板的对话框或界面，但 VRChat 却有所不同。一旦你打开 VRChat，你就能看到以电影、游戏、锻炼等多个不同主题的"世界"，在这些"世界"里，你能跟好友一起看电影、唱歌、打游戏，甚至是办公。

只要是现实世界里我们经常见到的场景，VRChat 里面都有。

如果你心情不好，在 VRChat 里唱个歌、蹦个迪也未尝不可。如果你比较社恐，又想出去走走，在 VRChat 的世界里找个偏僻的角落安静安静，或许是一个非常不错的选择。如果你想找几个陌生人在虚拟世界的图书馆里大声聊天，恭喜你，你的愿望很容易实现。

为了让游戏中的"世界"更加丰富，满足更多人的娱乐需求和猎奇心理，VRChat 还保持着不错的开放性，鼓励用户自己建造虚拟房间。

那么，我们怎么去建造一间虚拟房间呢？

你可以在第三方网站上下载免费的 3D 模型，然后将其导入到 Unity 引擎当中，再使用这些 3D 模型充当盖房子的"一砖一瓦"，就像玩积木一样，搭建一个符合自己审美和喜好的虚拟房间。之后，再把搭建好的虚拟房间上传至 VRChat 当中，让它成为虚拟世界的一部分。是不是很容易上手？

实际上，我们一般认为元宇宙的最终形态包括三大特征，分别是：触感 + 人工智能 + 数字孪生。目前来看，VRChat 中所运用的 VR 技术、沉浸式的场景和场景开发技术、虚拟化身技术等，已经初步具备了元宇宙的模样。难怪有玩家评论道："史上最贵免费软件，害我买 VR。"

微信，你是不是有什么新的想法了？

从 Roblox 看"玩着也把钱赚了"

"玩"和"学"向来是"鱼"和"熊掌"……不对，明明是"鱼刺"和"熊掌"的地位。但是，如果我告诉你，未来在元宇宙时代不仅可以一边"玩"一边"学"，甚至还能赚到钱呢？

2021 年，Roblox 一上市，立刻就成为世界上最具有价值的游戏公司之一。更神奇的是，与其说它是一家游戏公司，不如说它是全世界最大的学校——月活跃用户（2021 年 4 月的数据）有 2 亿多用户，其中三分之二的用户是 9–12 岁的孩子。

这么多孩子"沉迷"Roblox，而家长似乎对此并无意见，为什么？

Roblox 首先是一款开放性游戏，它既是在线游戏平台，同时也是游戏创建系统。也就是说，它既支持你玩游戏，也支持你在平台上开发游戏，让平台上的其他玩家一起玩。

Roblox 目前用有超过 5000 万款游戏，多数是 3D 或 VR 游戏，从 FPS、RPG 到竞速、解谜，各种游戏题材应有尽有。Roblox 提供多平台支持，你和好友及其他人在电脑、移动设备、Xbox One 以及 VR 设备上，都能一起加入同一局游戏。

Roblox 中的游戏大多数都是玩家自行创建的，这就有点像国内的短视频平台，它本身并不生产视频，但却拥有一大批视频内容创造者和视频观众。

玩家创建游戏还能赚钱。英国有一名叫 Josh Wood 的青少年，他 13 岁时便开始在 Roblox 制作游戏，之后技术越来越熟练，制作的游戏质量越来越好，等到他 18 岁时，已经成立了自己的公司。他说，凭借他的游戏收入，不仅能支付大学学费，还能对自己的事业进行再投资。

怎么社交

在 Roblox 中，聊天、私信、群组等基础社交功能当然都是存在的，但真正的社交来自 Roblox 中先进的 VR 游戏体验。

Roblox 是第一家将 VR 技术引入社交平台的游戏公司，玩家只要戴上 VR 智能穿戴设备，就能进入虚拟的 3D 游戏场景，和游戏中的其他玩家一起体验各种奇妙的、极具想象力的游戏，比如，一起在虚拟餐厅中打工，参观虚拟购物中心，一起乘坐虚拟过山车，一起像鸟儿一样在天空中飞翔，或者一起体验一把被龙卷风吹上天的恐惧和快感。

和其他玩家一同经历一场沉浸式的 3D 冒险，怎么可能不建立起深厚的社交友谊呢？

怎么赚钱

除了前面说的创建游戏获得收入，Roblox 还允许玩家购买、出售和创建虚拟物品，玩家们可以使用这些虚拟物品装饰他们的虚拟空间，"打扮"他们在平台上的虚拟化身。有些玩家看到了商机，在平台上全职从事虚拟物品设计工作，然后再将虚拟物品出售给其他玩家。收入最高的创作者，每年可以从虚拟物品销售中获得超过十万美元的收入。

未来的教育形态

根据研究公司 Kids Insights 的数据，仅在英国，就有大约 150 万青少年儿童在玩 Roblox。截至 2020 年 8 月，Roblox 每月有超过 1.64 亿活跃用户，其中超过一半是美国 16 岁以下的用户。那么，青少年儿童为什么如此痴迷于 Roblox 呢？家长们为什么会同意孩子们"沉迷"于 Roblox？Roblox 对教育来说意味着什么？

对孩子们来说，最重要的原因当然是 Roblox 上五花八门的沉浸式游戏，既可以满足自己娱乐的需求，又可以满足自己社交的需求。比如，有些孩子在 Roblox 一同收养宠物，建造自己在现实世界中很难实现的天马行空的房屋等。

此外，Roblox 也是一款沉浸式的在线学习平台。比如，对于那些对编程感兴趣的孩子，Roblox 不仅是游戏平台，更是一款简单好玩的编程入门学习系统。Roblox 上的代码编辑器比较简单，官方也提供一些相应的课程，即使是八九岁的孩子也可以学习如何开发自己喜欢的游戏、发布自己的游戏。

对家长们来说，Roblox 也能增进家长及其他家庭成员和孩子之间的感情。尤其是最近几年因为疫情，许多国外家庭的成员之间很难在线下见面，孩子们被关在家里倍感孤独，于是，许多家长就在 Roblox 上发起了虚拟派对，邀请不同的家庭成员、孩子们的好友和同学们一起参加。

所以，总的来说，Roblox 的成功在于它探索出了一条适合未来发展的教育形态：在使用沉浸式的游戏俘获孩子们的心的同时，促进孩子们的沟通能力、开发孩子们的潜能和创造力，并牢牢地抓住了家长们的心，甚至让家长更乐意参与其中。

没错，它是一款游戏平台——但它又同时是一款不错的教育平台。

如果大家都这样做游戏，家长还会反对孩子玩吗？

从 Workrooms 看打工人

打工人，打工魂，打工都是人上人。

可是打工哪有不摸鱼？君不见，有人上班带薪"躺平"，有人上班带薪"如厕"，可谓是各领风骚。

你以为元宇宙时代打工就可以放心摸鱼了吗？老板早就贴心地帮你"堵"住了最后一丝漏洞。

Meta（也就是 Facebook）近年收购 了多 家 VR 公司和游戏工作室，其中就包括鼎鼎大名的致力于虚拟远程会议和办公的 Workrooms。Meta 虚拟现实实验室副总裁博斯沃思说，Workrooms 将会成为未来视频工作的新模式，它强调的是"无感"，哪怕两个人相隔千里，也会和面对面协同办公没有区别。

现在，就让我们戴上头显设备，进入虚拟会议室，一览未来打工"全貌"吧！

目前来说，Workrooms 主要可以给用户提供六大功能。

可定制的工作区

在公园里办公？在山脚下办公？甚至在蹦迪的时候偷偷办公？进入 Workrooms 之后，你能根据自己的喜好自定义 Workrooms 的室内空间，也能更改户外风景。简直就是随处办公无烦恼，真正能满足打工人随时随地对工作的热爱。

虚拟白板与手动导航

元宇宙会议还需要念 PPT 吗？

进入 Workrooms，除了能看到屏幕中央有一张桌子，你还能看到屏幕背后有一张白板。你既可以通过 VR 设备手柄控制白板，也可以走到白板前，用"手"绘制文档或随意涂鸦。当然，想逃脱 PPT 的困扰是比较困难的，因为白板能连接电脑上的文件。如果老板准备了 PPT，那也只好听他在虚拟会议中继续"念经"了。

比如，Oculus Quest 2 就配备了内外摄像头，可以检测到你的手和手指的运动方向。所以，在 Workrooms 中，"手"仍然是主要的输入工具。这种技术也能捕捉到你的肢体语言，让你在白板前演示时可以"手舞足蹈"起来，让演讲更具感染力。

VR连接现实

假如我昨晚连夜写了一份演讲稿，但是我却没背下来，问题在于，一旦我进入了 Workrooms，看到的都是虚拟会议的场景，我电脑上的演讲稿岂不是白写了？

这就是 Workrooms 的厉害之处了，配套的 Oculus 远程桌面应用程序可以让你在 VR 环境中流式传输桌面图像，并控制现实中的电子设备。

也就是说，你可以将"电脑"带进虚拟会议室，把电脑中的文档资料同步到虚拟会议室的白板当中。与此同时，在虚拟会议室中，你也能自由地控制电脑设备。假如你在白板上制作了一张表格，相应地，脱掉 VR 设备之后，你仍然能在电脑上访问刚刚创建的表格。

超可定制的头像和音频

我能穿着睡衣参加虚拟会议吗？别担心，在 Workrooms 中，每个人都可以根据自己的喜好制定独一无二的 3D 虚拟化身，没人能发现现实世界中的你正穿着短裤和拖鞋，头发翘成了鸡窝。

虽然形象不重要，但是打工人对工作的"热爱感"一定要有。

Workrooms 采用了低延迟空间音频技术，你如果坐在桌子右侧的第二张椅子上，那么，你说话的声音就将从那张椅子的位置非常清晰地传递给不同位置的人，跟在现实世界中聊天无异。这意味着，如果你无精打采地说话，老板就会立即发现！

永久网址

虚拟会议中如何写会议记录？开会时能不能"录屏"？会开完了能不能"回看"？Workrooms 中的每个房间都有一个永久地址，用于在会议期间捕获并记录笔记、共享文件、会议对话等。也就是说，领导开完会之后，你重新进入会议室下载文件、查看会议内容，就和你打开微信群翻看聊天记录一样简单。

多设备兼容

参加一场高大上的虚拟会议，程序是否会特别复杂？并不！和 Zoom、腾讯会议一样，用户可以通过 VR、视频通话或单击会议链接加入 Workrooms 虚拟会议。目前一场虚拟会议支持 50 名参与者，包括 16 个使用 VR 的人。也就是说，16 个主要参会者可以戴上 VR，在虚

拟会议中尽情表演，其他人用手机点一下链接进去旁观即可，并不会觉得压力山大。

听起来是不是很不错？你是不是也很想和你的朋友们在 Workrooms 中开一次虚拟会议呢？

Workrooms 自 2021 年 8 月份公测以来，受到了诸多好评。想必，等未来智能穿戴设备普及之后，使用 Workrooms 这种新鲜又好玩的程序实现线上办公的上班族（老板）肯定会越来越多。

从 OpenSea 看 NFT

按市场份额计算，世界上最有统治地位的公司有哪些？

你可能会想到谷歌、脸书、亚马逊、苹果等。但如果说下一代互联网形态是元宇宙，那么几乎垄断了 NFT 交易市场的 OpenSea 可能会超过上述这些公司。

2022 年一月份，OpenSea 就宣布融资 3 亿美元，估值高达 130 亿美元，这距离它成立不过五年。

时间回到 2018 年 2 月，那个时候 OpenSea 刚刚上线，两位 90 后创始人对当时一个叫加密猫（CryptoKitties）的游戏非常痴迷，这是全球第一款基于区块链技术开发出来的游戏，玩家们可以购买、喂养、繁育、出售数字化猫咪。

看起来就是款普通的养成类游戏，但这个游戏特殊的地方在于，区块链技术的应用，保证了猫咪的唯一性和安全性，哪怕开发它的公司关闭了，你养成的小猫咪依然还在。

这个游戏一出来，引起了整个国外互联网世界的动荡，因为它代表了数字世界中物品交换交易方式的巨大转变。打个比方，传统的游戏、视频、图片等是存在于某个具体公司的服务器上，但区块链原生项目却是存在于共享的公共区块链上，不属于任何一方。它们可以在任何地方被查看、公开交换，可以在数字世界中以前所未有的方式真正拥有。

OpenSea 的创始人在车库里加班加点写程序，终于在 2017 年 12 月上线了 OpenSea 平台，这意味着以太坊区块链上第一个数字项目开放交易市场就此诞生。

但故事哪有这么顺利。在这之后的长达 26

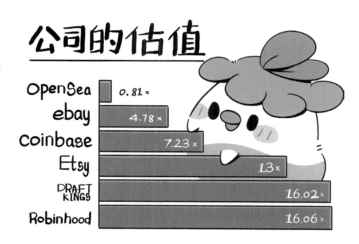

公司的估值

OpenSea	0.81×
ebay	4.78×
coinbase	7.23×
Etsy	13×
DRAFT KINGS	16.02×
Robinhood	16.06×

个月的时间里，OpenSea 上只有 4000 名活跃用户，每个月交易额只有 110 万美元，如果按照 2.5% 的销售佣金来算的话，这意味着 OpenSea 在长达两年多的时间里，每个月的收入只有不到 3 万美元。

2020 年年中，OpenSea 团队只有 5 个人，而且还因为疫情的原因不得不居家工作，更糟糕的是，他们的对标公司 Rare Bits 在不久前刚宣布倒闭，这家小创业公司看起来危在旦夕。

谁能想到它现在会成为估值超过百亿美元的独角兽呢？

这一切都要归功于 NFT 的火爆。

2021 年 2 月，NFT 突然"火"起来，这也带动了交易平台的活跃度。7 月，OpenSea 的交易额达 3.5 亿美元，多年的煎熬终于等到了这一天，很快 OpenSea 以 15 亿美元的估值获得了 1 亿美元的风投。后面就是很典型的硅谷创业故事了。

目前，OpenSea 平台拥有 200 多万种数字收藏品，8000 多万种 NFT 产品，包括艺术、收藏品、域名、音乐、摄影、运动、游戏交易卡牌等多种类别。当前 OpenSea 支持四种区块链上的 NFT 交易：以太坊、Polygon、Klatynhe 和 Solana。其中绝大部分的 NFT 是基于以太坊网络创建并运行的。

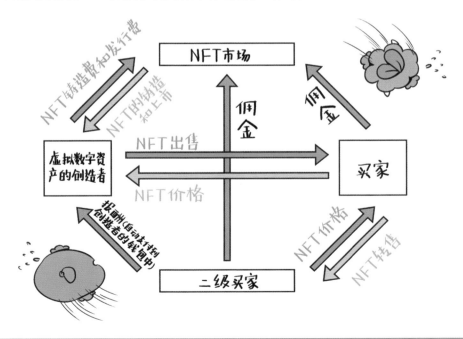

但是 OpenSea 的一家独大也让众多竞争者涌现。在 NFT 市场里，它的竞争者主要有三种：

第一，是小而美的垂直领域交易所，这些平台往往制作精美，门槛更高，比如 Nifty Gateway，MakersPlace 等。

事实上，2021 年初唤醒 NFT 市场不是 OpenSea，而是 Nifty Gateway。佳士得拍卖行曾经将数字艺术家 Beeple 的 NFT 作品《每一天：最初的 5000 天》（*Everyday: The First 5000 Days*）拍出了 6,900 万美元的高价。就是在 Nifty Gateway 上拍卖的。

第二，是去中心化的交易平台，比如 Rariable 和后起之秀 Looksrare 等。

这些平台的亮点是把自己的平台所有权结构变成去中心化自治组织，也就是我们说的 DAO。比如 Looksrare 平台交易费用 100% 由 LOOKS 通证持有者赚取，也就是说平台不会通过交易手续费来赚取任何利益，这种社区至上的理念某种程度上更符合 Web 3.0 的逻辑。

第三，是加密货币交易所推出的 NFT 交易平台，比如 Coinbase、欧易等。

以欧易为例，它不仅具备 NFT 的二级交易，也在一级市场上通过帮助高质量项目、艺术家和明星在初级阶段发行 NFT 资产，参与者可以在 NFT 流入二级交易市场之前购买 NFT，从而获得更好的收藏价格或提前体验项目的优先权，没有用户门槛，没有分销限制，也没有交易费用，解决了 NFT 流动性差的问题。

NFT 领域可以说是如今加密圈子里最热闹的地方，从各路明星带货到各大品牌，都将 NFT 列为品牌宣发的新战场，越来越多人开始了解到 NFT 蓬勃的生命力，并开始收藏自己的第一个 NFT。

如果是你，你会买什么样的 NFT？

矿工费

矿工费（Gas Fee）是支付给矿工的手续费。简单来说，当你在以太坊区块链上进行转账时，矿工要把你的交易打包并放上区块链，才能使交易完成，在这过程中会消耗区块链的运算资源，所以要支付费用。

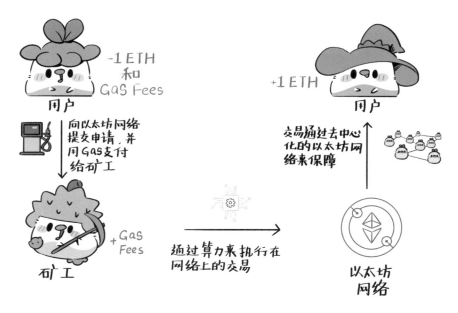

从汽车数据共享看元宇宙生产资料流通

　　"无垄断，不商业。"这已经是互联网时代大家普遍形成的共识了。正如商业畅销书《从 0 到 1》所说："失败者才去竞争，创业者应当选择垄断。"

　　确实，亚马逊、推特等互联网企业在常年亏损的情况下，市值却能屡屡创新高并获得高溢价，最主要的原因是投资人认为亚马逊、推特在未来十年可以获得垄断性利润。

　　可是这套法则也带来了越来越严重的问题：互联网企业获得垄断地位之后，发现用户数据本身比用户更值钱，小则推送些定制化广告，大则数据滥用、数据泄露、甚至数据窃听。

以我们经常坐的网约车为例，一些网约车企业在长期的业务开展中，积累了海量的出行数据与地图信息。此外，汽车在使用过程中联动的摄像头、传感器等，都涉及众多数据安全问题，消费者的个人隐私、企业的商业机密乃至国家安全，都有可能受到严重威胁。

2018 年就发生了一起世界轰动的数据滥用事件。Facebook 上数千万用户的个人数据被英国一家政治咨询公司"剑桥分析"（Cambridge Analytica）滥用。"剑桥分析"曾声称在世界五大洲支持并开展过数百场政治活动，在手握大量用户数据的情况下，甚至能操纵选举、发动革命和政变等。

互联网世界向来是赢家通吃，科技巨头也逐渐从"少年"变成了"恶龙"。在监管缺位的情况下利用用户的信任尽情地搜集数据，已经成为"常态"，似乎除了不痛不痒的罚款，也没有更好的解决方法。

如今，元宇宙的时代到来，可能给了我们"纠错"的机会。

元宇宙的数据法则会是什么？

首先，数据交互方案是基于区块链，而非传统互联网的中心化存储，这就带来了三个重要价值：

1. 使用分布式数据存储，大量数据由各数据所有方自行存储，并通过数据网结合区块链技术，不需要中心化数据库就可以实现可信共享。

2. 实现数据加密确权，通过数据索引结合 Hash 上链存证，实现未取得原始数据前提下的数据可信存证与确权。

3. 构建透明激励机制，逐步形成一个公平、公正、开放的数据合作生态，通过智能合约和区块链积分实现数据定价和交易结算，完美解决竞争企业之间的合作问题。

哈希（Hash）值：哈希值相当于文件的"数据指纹"。它是根据文件大小、时间、类型、创作者等计算出来的，并且没有更改它的软件。在区块链中，每个区块中都

有前一个区块的哈希值，前一个区块叫作当前区块的父区块。由于每个区块都有前一个区块的哈希值，当修改当前区块的任意数据时都会导致区块的哈希值发生变化，这会对前一个区块产生影响。

在这种共享的数据法则下，元宇宙中任意一家企业搜集的用户数据，所有权在用户手上，只有经过用户授权才可以被应用在不同的运营商和平台上，用于提高用户使用产品的体验。

这意味着什么呢？

意味着公平、真实和开放。

以汽车行业为例。2020 年，智能网联汽车大数据交互平台成立，这个平台是上海零数科技有限公司受中国汽车工业协会委托，基于自主研发的底层主链零数联盟链打造的汽车行业数据共享交互平台。

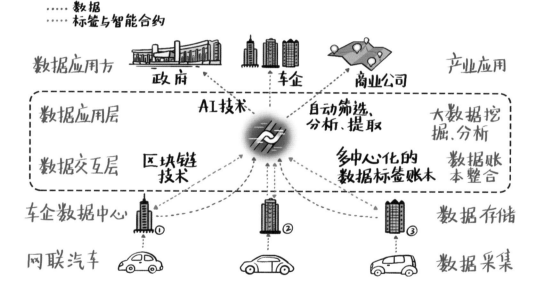

在这个平台上，汽车企业可以研发数字化、供应集成化、生产智能化、营销精准化、运营高效化以及为业务赋能化，进而促进产品创新、模式创新、商业创新以及产业创新等各种创新，并使这些创新相互交织形成有效的业务闭环。

比如，近几年，特斯拉的自动驾驶辅助系统就一直被质疑，消费者认为是"刹车失灵"，特斯拉会认为是消费者"踩错油门"。但是就算特斯拉拿出了当时的事故数据，也会有反对者认为是公司"篡改"了数据。真相只有一个，能信的只有技术。

如果说汽车数据可以被实时存证在区块链上，就不会出现这样的信任危机，因此，区块链数据存证将有可能成为未来智能网联汽车事故评判的重要参考依据，也将应用在车路协同等场景。

其次，在数据的确权和所有权交易中，原始数据可以不通过平台，直接在交易双方之间加密传递，采用区块链技术来保证被交易数据的真实性，同时也确保了交易过程的可验证性。

第三，通过区块链结合隐私计算还能让数据的所有权和使用权分离。也就是说，交易双方其实是看不到类似于用户姓名、性别、年龄这一类原始数据的，而是通过输出计算结果的方式完成数据需求，区块链还可以对隐私计算过程进行审计和可追溯。

未来，元宇宙将是"数据空间"，数据的重要性不言自喻。在获取到用户数据之后，元宇宙企业拥有的应该是数据的"使用权"而非"所有权"，企业可以通过数据共享交易在产业内激活这些数据的价值，但归根到底，这些数据应该属于用户。

如果说，互联网商业的底层逻辑是"流量"。那么，在元宇宙时代，商业逻辑会不会再次被重构？

如果元宇宙是"汽车"，你还要坐马车吗

说了这么多，你会发现，元宇宙已经不仅仅是一个"更酷"的互联网，而是能承载着资产和生产活动的经济体系。

在这个经济体系中，有商品（既有现实世界在元宇宙中的数字化对应物，也有虚拟世界全原生创造物），有市场（即商品和服务的交易场所），有应用场景，有使用工具，有交易模式和货币，也有安全保障。

欧易研究院曾在报告中表示：元宇宙是一个聚焦于社交链接的 3D 虚拟世界的大型网络，它包括物质世界和虚拟世界以及与虚拟经济的整合。不仅可以利用宇宙中的物质信息，还可以摆脱自然界各种复杂的规律，将人的主观能动性发挥到极致。

一方面，这离不开 VR、5G 等技术的大幅进步，疫情环境下人们数字活动需求的日益增加，以及各方行业巨头的"All In"布局。另一方面，则要归因于元宇宙两大基础模块 NFT 和 GameFi 的快速发展。NFT 解决了元宇宙世界的确权问题，而GameFi 则为元宇宙的经济模型搭建提供了更多的参考。如果说此前元宇宙只是一个距离现实过于遥远的想象，那么随着这些基础组件的相继发展演化，元宇宙的加速落地正在无限接近可能。

尽管谁也不知道未来会是什么形态，但我们也看到了一些确定性的特点。

首先，元宇宙已经到来。文明的种子已经播下，不管未来元宇宙的形态、应用、规则和用户将发生什么样的变化，这个宇宙本身将一直存在下去。

其次，元宇宙中将更自由。也许，元宇宙中同样会存在各种人类社会与生俱来的问题和缺陷，但是元宇宙的解释权不再归属某个公司或某个国家。

由于元宇宙上的数据所有权将归还给用户，因此每个人都有可能拥有自己的"小宇宙"，每个人也都能实现"宇宙自由"。或许，未来我们每个人都有一个接入元宇宙的共享协议，我们也有权利选择"接入"还是"不接入"。

最后，元宇宙并非脱离现实，而是将与现实相连，元宇宙中的经济系统也将和真实世界的经济系统直接挂钩。你在元宇宙中贡献的价值、创造的影响力、获得的资产，都不会因为退出元宇宙而消失，而是和真实世界相互影响。同样，你在真实世界中的影响力也会让你在元宇宙中如虎添翼。在这个过程中，区块链技术还能保证你就是你，独一无二的你。

最后，给大家讲个小故事。

19世纪末，"马车"还是伦敦、纽约这些大城市的主要交通工具。家用马车、公交马车、运输马车、轨道马车……随着马车越来越多，马粪也越来越多，大量的马粪，带来大量的苍蝇，也传播了大量的疾病。当时纽约的学者和专家们预测，到1930年，曼哈顿的马粪将堆放到人们三楼的窗户，伦敦也会被埋在厚厚的马粪之下。1889年，各国甚至在纽约专门召开了国际会议，讨论如何解决"马粪问题"，然而也没有找到什么可行有效的解决办法。

但是后来的事情大家都知道了，汽车出现了，很快马车被淘汰，马粪危机也跟着消失了。

现在，我们的社会似乎存在着各种严峻的问题：贫富差距、暴力冲突、全球变暖、恐怖主义、疫情反复……这些问题现在看来，似乎并没有什么好的解决方案。

但或许"元宇宙"就是这些问题的解决方案。有些趋势，一旦形成，就不会再逆转。如果元宇宙是"汽车"，你还要坐马车吗？

PART 05

元宇宙
在中国

1962 年，互联网诞生。可是直到 1994 年，这波互联网之风才刮到中国，并完成中国联网工作。而在之后又过了 6 年，随着中国三大门户网站搜狐、新浪、网易在美国纳斯达克挂牌上市，中国互联网时代才算真正开启。

元宇宙却来得特别快。

2021 年，元宇宙诞生，但它所爆发出的强度和市场的响应速度，远高于互联网最初出现时的景象。《"十四五"数字经济发展规划》明确了我国数字经济的发展目标：数字经济核心产业增加值占 GDP 比重要从 2020 年 7.8% 的水平上提升至 2025 年的10%。作为数字经济的增长点，元宇宙也成为政府积极布局的重点，成都、武汉、合肥、海口、保定以及上海市徐汇区将元宇宙写入各地 2022 年政府工作报告中。

2021 年底，上海就宣布元宇宙将是其电子信息制造业发展"十四五"规划的一部分。2022 年 1 月 8 日，上海徐汇区把元宇宙写入当地政府工作报告。

2022 年 1 月 5 日，无锡市滨湖区发布的《太湖湾科创带引领区元宇宙生态产业发展规划》指出，要注重应用引领和场景驱动相融合，推动元宇宙技术在多领域深度应用；推动元宇宙产业上下游各环节、各主体协同发展，加快元宇宙与集成电路、区块链、人工智能、云计算等技术融合创新发展。

2022 年 1 月 10 日，在合肥市第十七届人民代表大会第一次会议上做出的政府工作报告，提及合肥要"前瞻布局未来产业，瞄准量子信息、核能技术、元宇宙、超导技术、精准医疗等前沿领域"。

2022 年 1 月 11 日，武汉召开第十五届人民代表大会第一次会议，其政府工作报告中同样提到推动元宇宙、大数据、云计算、区块链、地理空间信息、量子科技等与实体经济融合。

2022 年 1 月 23 日，成都市第十七届人民代表大会第六次会议开幕，政府报告中提到，成都将大力发展数字经济，主动抢占量子通信，元宇宙等未来赛道，打造数字化制造"灯塔工厂"。

2022 年 3 月 21 日，山东省工业和信息化厅等七部门联合发布《山东省推动虚拟现实产业高质量发展三年行动计划（2022-2024 年）》，将用三年时间在全省培育推广百项应用场景及解决方案，打造国内一流、具有国际竞争力的千亿级虚拟现实产业高地。

2022 年 4 月 26 日，在当地政府的支持下，重庆 60 余家单位共同发起并成立了中国（重庆）元宇宙产业联盟，该联盟将推进元宇宙产业生态构建、创新应用、标准制定、政策支撑等多方面发展，打造集聚"政产学研金"多方资源的综合服务平台，加快推动元宇宙技术在各领域融合应用。

除此之外，浙江、江苏等省市在相关产业规划中同样明确了元宇宙领域的发展方向，北京也将推动组建元宇宙新型创新联合体，探索建设元宇宙产业聚集区。

纵观国际市场和中国市场，元宇宙绝不仅是小范围玩家的试验，似乎正成为全人类向社会、科技、人文、法制下一个发展阶段的共同探索。即使概念刚刚诞生的时候存在热点，但是长期来看，元宇宙势必将重塑人们生产、生活和社会关系。

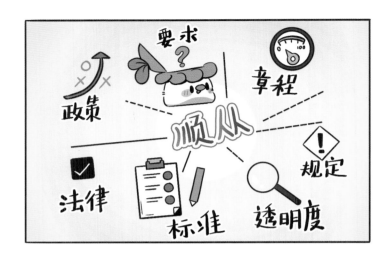

企业的探索

那么，目前中国的元宇宙技术水平如何呢？那些互联网公司都进行了怎样的探索？

首先来看腾讯。

腾讯应该是国内互联网公司中较早涉猎元宇宙浪潮的企业。2012 年，腾讯以 3.3 亿美元的价格收购了 Epic Games49.9% 的股权；2020 年，腾讯参与了元宇宙第一股 Roblox 的 G 轮融资；随后 2021 年，腾讯独家代理的国行版 Roblox 上线，不论是 Roblox 还是 Epic Games，都有着在元宇宙体系中竞争的优势，腾讯借势"上位"，显然已经取得了不小的成就。

除了收购，腾讯对元宇宙的探索也相当积极。元宇宙兴起以来，腾讯申请注册了多个元宇宙相关的商标，比如天美元宇宙、王者元宇宙等，似乎在释放进军元宇宙的信号。2021 年 10 月，腾讯游戏天美工作室发布了多个有关新项目"ZPLAN"的招聘信息，该项目主打游戏+社交方向，该款产品可能就是腾讯的首款元宇宙游戏。

腾讯还试图以 27 亿元收购游戏手机公司黑鲨科技，并将黑鲨科技从以游戏手机为主的硬件厂商转型为 VR 设备生产，尝试进军元宇宙硬件行业。

面对巨大的元宇宙蛋糕，阿里巴巴在 2021 年 8 月份则特地成立了杭州数典科技有限公司，重点布局 VR 设备硬件领域。

9 月，阿里签下国内首个超写实数字人 AYAYI，AYAYI 入职阿里，成为天猫超级品牌日的数字主理人。12 月，阿里云宣布与游戏开发工作室 JP GAMES Co. ,Ltd. 建立合作伙伴关系，为其提供元宇宙建设支持服务。同样是在 12 月，阿里巴巴成立元境生生（北京）科技有限公司，主营软件开发、计算机系统服务、演出经纪、互联网信息等，意在探索虚拟人在虚拟偶像或者电商带货等现在流行的营销方式中的潜力。

阿里的志向不仅仅只有这些，2021 年度云栖大会上，阿里宣布成立 XR 实验室，是其最新设立的面向 AR、VR 和元宇宙技术方向的一个新实验室，以探索下一代云网端融合架构下的未来操作系统以及着力于新一代移动计算平台的研究，力求从全息构建、全息仿真、虚实融合、虚实联动四个层次构建自己的元宇宙系统。

作为 BAT 三巨头的百度也不甘示弱，在众多竞争对手布局元宇宙的情况下，率先在国内互联网大厂中推出了落地的元宇宙社交 APP——希壤。

而早在 2016 年，百度便对 VR 产生了浓厚的兴趣，布局 VR 战略。2021 年 6 月，百度推出了 VR 2.0 全景架构，以智能审核、智能编辑、虚拟化身等技术为支撑，拥有 VR 创作和 VR 交互两大平台，连接包括教育、营销、政企 / 工业等领域在内的商业化场景。

除了 BAT，其他互联网公司也在积极进军元宇宙。2020 年 10 月，网易发布了沉浸式活动平台"瑶台"。这一平台除了可以定制化活动场景，还提供了 PPT 嵌入式播放、分会场自由切换和文字及语音群聊等会议功能。一年后元宇宙概念兴起，瑶台乘势而起，收获了一波好评；而京东则在 2021 年双十一期间，采用虚拟 IP 主播"VIVI 子涵"开启了元宇宙虚拟直播模式，并在之后推出数字藏品交易平台"灵稀"，购买用户可以使用数字藏品进行研究、展览、欣赏、收藏；字节跳动在 2022 年 1 月份上线了名为"派对岛"的元宇宙社交 App，在此应用中用户可以打造自己的虚拟形象，与好友聊天、逛街、看电影，享受沉浸式社交体验。

总的来说，国内的互联网企业正在元宇宙大潮中，朝着社交软件、VR 硬件、虚拟人、数字藏品等不同领域进军，并且已经取得了不小的成绩。

从产业出发

想象一下：在现实生活中，假如你的心脏出了问题，需要手术。这时候，医生一般会通过 CT 等手段对你的心脏进行一番仔细的观察和研究，然后把你推进手术室，对着你的心脏"咔咔咔"地开刀做手术。

但是，只要是给病人做手术，都会存在大小不一的风险。如何降低手术风险，提高手术成功率呢？在元宇宙世界里，这个问题似乎可以得到解决。

复旦大学附属中山医院呼吸科教授、元宇宙医学创立大会主席白春学教授及其团队最先定义了元宇宙医学，他认为：元宇宙医学是通过 AR 实践的物联网医学，使用 AR 或 VR 智能穿戴设备促进医疗物联网（MIoT）的平台，这一平台融合了全息构建、全息仿真、虚实融合、虚实互联等智能技术。

听起来很复杂，说白了，使用元宇宙技术，医生就能提高问诊和手术的成功率。

比如，某位患者前来问诊，通过数字孪生技术，医生就能在虚拟世界中更加清晰、直观地查看患者的器官，如果发现某个器官出现了病变的迹象，就能及早诊治。相应的，如果患者患有某种严重的疾病，需要医生即刻做手术，那么，为了提高手术的成功率，医生可以在元宇宙中先模拟一遍手术程序，然后再在现实中依样画葫芦，把手术做好。

2022 年 2 月 19 日，中国首个"元宇宙医学联盟"（IAMM）在上海成立，这也标志着中国在元宇宙医学领域继续保持积极的探索。也许在不久的未来，在现在被认为是难以治愈的重大疾病，通过元宇宙技术则有可能更容易治愈。

如今，元宇宙正在其他行业、领域引起变革。在文旅行业，国内正在探索旅游业的元宇宙化；在商业地产领域，虚拟人导购已经并不陌生；在互联网购物领域，数字藏品也取得了不小的成绩。

如果说，元宇宙是互联网的下一个形态，那么当前在各个产业中所发生的变革都将为我们打开一个虚拟与实体深度结合的全新世界。

我们正站在，见证历史的交叉路口上。

参考资料

[1] Chafkin M. Why Facebook's $2 Billion Bet on Oculus Rift Might One Day Connect Everyone on Earth[EB/OL]. [2022-10-03]. https://www.vanityfair.com/news/2015/09/oculus-rift-mark-zuckerberg-cover-story-palmer-luckey

[2] 刘磊. 美国新法案对"豪威测试"标准的影响：通证属性如何定义？[EB/OL]. DeFi之道, (2022-06-19)[2022-10-05]. https://www.defidaonews.com/article/6759216

[3] Securities and Exchange Commission (n.d.). Framework for "Investment Contract" Analysis of Digital Assets[R].

[4] 赵小飞. 5G，向元宇宙演进；6G，为元宇宙而生？[EB/OL]. 物联网智库, (2022-01-24)[2022-10-05]. https://tele.ofweek.com/2022-01/ART-8320501-8420-30547351.html

[5] IMT-2030(6G)推进组. 6G总体愿景与潜在关键技术[R]. 中国信息通信研究院, 2021.

[6] 摆摊卖报纸. 人类算力天花板？1750 亿参数的 AI 模型 GPT-3 引爆硅谷[EB/OL]. 开源咨询, (2020-07-28)[2022-10-03]. https://www.oschina.net/news/117519/what-is-gpt-3

[7] 人类永生计划. 什么是ANI、AGI、ASI？ [EB/OL]. Getit01, [2022-10-01]. https://www.getit01.com/p2018022433910684/

[8] 虚拟数字人深度产业报告[R]. 量子位, 2021

[9] 曹良才, 何泽浩, 刘珂瑄, 隋晓萌. 元宇宙中的动态全息三维显示:发展与挑战(特邀)[J]. 红外与激光工程, 2022, 51(1):20210935.

[10] 朱磊, 梁诗敏. 元宇宙视角下的广告运作[J]. 现代视听, 2021(12):9-14.

[11] 张昌盛. 人工智能、缸中之脑与虚拟人生 ——对元宇宙问题的跨学科研究[J]. 重庆理工大学学报（社会科学版）,2021,35(12):52-63.

[12] 新零售商业评论. 餐桌上怎么变出元宇宙？[EB/OL]. 百度, 2022-02-23[2022-10-04]. https://baijiahao.baidu.com/s?id=1725543468947963526&wfr=spider&for

=pc

[13] 未来会如何解决在元宇宙里吃饭吃了半天还是饿的问题？[EB/OL]. 知乎, [2022-10-04]. https://www.zhihu.com/question/497820625/answer/2252090762

[14] 陈梦竹. 元宇宙专题深度——未来的未来[R]. 国海证券研究所, (2021-11-18) [2022-09-20].

[15] 李红波. 为什么说区块链是元宇宙的重要底层技术，它究竟能带来什么？[EB/OL]. 财富中文网, (2021-11-18)[2022-10-03]. https://www.fortunechina.com/zhuanlan/c/2021-11/18/content_400918.html

[16] 房宇宙. Snoop Dogg粉丝花45万美元买了位于虚拟世界中的"土地"！[EB/OL]. 腾讯新闻, 2022-03-05[2022-10-04]. https://xw.qq.com/cmsid/20220305A09XPI00

[17] Stein, S. The MetaMall: The Next Big Retail Development Will Be in Cyberspace [EB/OL]. The Robin Report, 2022-04-04[2022-10-04]. https://www.therobinreport.com/the-metamall-the-next-big-retail-development-will-be-in-cyberspace/

[18] 龚才春. 中国元宇宙白皮书[R]. 2021.

[19] 新智元. 元宇宙中能接吻了：CMU推出VR头显外挂，复刻唇部逼真触觉[EB/OL]. 36Kr, (2022-05-01)[2022-10-03]. https://36kr.com/p/1722176922549251

[20] IT专家网. 智影"助教"亮相云课堂，师生花式玩转数字人主播 [EB/OL]. 北京：凤凰网科技, 2022-04-19[2022-10-01]. https://tech.ifeng.com/c/8FK9JZQYOOX

[21] Hirsh-Pasek, K., Zosh, J. M., Hadani, H. S., Golinkoff, R. M., Clark, K., Donohue, C., Wartella, E. A whole new world: Education meets the metaverse[R]. Brookings, 2022.

[22] 刘革平, 王星, 高楠, 胡翰林. 从虚拟现实到元宇宙：在线教育的新方向[J]. 现代远程教育研究, 2021, 33(6):12-22.

[23] 德勤中国. 元宇宙系列白皮书——全球XR产业洞察[R]. 德勤中国, 2021.

[24] 徐涛, 胡叶倩雯, 苗丰, 梁楠. 元宇宙底层硬件系列报告——VR设备深度篇[R]. 中

信证券研究部, 2022.

[25] 头豹. 2022年中国虚拟人产业发展白皮书[R]. 头豹研究院, 2022.

[26] The Adecco Group. Work In The Metaverse? How The Metaverse Is Shaping The Future Of Work [EB/OL]. The Adecco Group, 2022-02-10[2022-09-30]. https://www.adeccogroup.com/future-of-work/latest-insights/how-the-metaverse-is-shaping-the-future-of-work/

[27] Purdy, M. How the Metaverse Could Change Work [EB/OL]. Harvard Business Review, 2022-04-05[2022-09-28]. https://hbr.org/2022/04/how-the-metaverse-could-change-work

[28] 约翰·凯恩斯. 我们孙辈的经济问题[J]. 信璞济南研究部，译. 信璞投资, 2017.

[29] Revfine. Metaverse Tourism: Overview, Benefits, Examples and More[EB/OL]. Revfine, [2022-09-30]. https://www.revfine.com/metaverse-tourism/

[30] 郭春宁. 元宇宙的艺术生成:追溯NFT艺术的源头[J]. 中国美术,2021(4):13-19.

[31] Minis, C. Five Ways That Writers Can Make Money In The Metaverse[EB/OL]. Writing In The Metaverse, 2021-12-09[2022-10-01]. https://medium.com/writing-in-the-metaverse/five-ways-that-writers-can-make-money-in-the-metaverse-d0f89013a1c6

[32] Coinyuppie. 元宇宙创作者经济展望[EB/OL]. 元宇宙虫洞, 2022-01-11[2022-10-01]. https://crypto001.com/metaverse/10897.html

[33] PA荐读. 元宇宙下创作者怎么创作？元创作了解下[EB/OL]. PANews, 2021-11-11[2022-10-01]. https://www.panewslab.com/zh/articledetails/1636625443091175.html

[34] 雅昌艺术网. 重磅，2021全球NFT交易大战，中国何时发力？[EB/OL]. 澎湃新闻, 2022-03-19[2022-09-25]. https://m.thepaper.cn/baijiahao_17168619

[35] 元宇宙特攻队. 为什么 Larva Labs 将「加密朋克」NFT IP 卖给了「无聊猿猴」创作者？[EB/OL]. 腾讯新闻, 2022-03-14[2022-10-02]. https://view.inews.qq.com/k/20220314A06AIY00?web_channel=wap&openApp=false

[36] 高爽. 人工智能续写名著 只是个游戏而已[EB/OL]. 光明网, 2021-06-09[2022-

10–03]. https://m.gmw.cn/baijia/2021–06/09/34910558.html

[37] 杨晓峰. 元宇宙分析框架：VRCHAT或为元宇宙入口雏形[R]. 国金证券股份有限公司, 2021: 1–33.

[38] 游戏动力VGN. 大厂疯狂鼓吹的"元宇宙游戏"，加起来还没一个《VRChat》能打[EB/OL]. 网易号, 2021–12–30[2022–09–20]. https://www.163.com/dy/article/GSGC6RHI0526Q3CJ.html

[39] Unity (游戏引擎)[EB/OL]. 维基百科, 2022–08–09[2022–10–02]. https://zh.wikipedia.org/wiki/Unity_(%E6%B8%B8%E6%88%8F%E5%BC%95%E6%93%8E)

[40] Levy, A. While parents Zoom, their kids are flocking to an app called Roblox to hang out and play 3D games[EB/OL]. CNBC, 2020–04–08[2022–10–02]. https://www.cnbc.com/2020/04/08/roblox–is–seeing–a–surge–during–coronavirus–shelter–in–place.html

[41] Dredge, S. All you need to know about Roblox[EB/OL]. The Guardian, 2019–09–28[2022–09–29]. https://www.theguardian.com/games/2019/sep/28/roblox–guide–children–gaming–platform–developer–minecraft–fortnite

[42] Perez, S. Creative ways to host a virtual birthday party for kids[EB/OL]. TechCrunch+, 2020–04–07[2022–09–14]. https://techcrunch.com/2020/04/06/creative–ways–to–host–a–virtual–birthday–party–for–kids/

[43] Carter, M., Mavoa, J. Why is kids' video game Roblox worth $38 billion and what do parents need to know?[EB/OL]. The Conversation, 2021–03–17[2022–09–12]. https://theconversation.com/why–is–kids–video–game–roblox–worth–38–billion–and–what–do–parents–need–to–know–157133

[44] Roblox[EB/OL]. Wikipedia, 2022–10–03[2022–10–04]. https://en.wikipedia.org/wiki/Roblox

[45] Dots机构投资者社区. Workrooms背后，Facebook如何用虚拟办公撕开元宇宙入口？[EB/OL]. 百度, 2021–09–28[2022–09–23]. https://baijiahao.baidu.com/s?id=1712069092086570951&wfr=spider&for=pc

[46] Hou, J. 记录一次 VR Workroom 的体验[EB/OL]. 知乎, 2021-12-05[2022-10-02]. https://zhuanlan.zhihu.com/p/441545710

[47] Germain, J. M. A Step Into Meta's VR Meeting World, Horizon Workrooms[EB/OL]. Technewsworld, 2022-03-17[2022-10-01]. https://www.technewsworld.com/story/a-step-into-metas-vr-meeting-world-horizon-workrooms-87448.html

[48] What Is Horizon Workrooms?[EB/OL]. UC Today, 2022-01-20[2022-10-02]. https://www.uctoday.com/collaboration/what-is-horizon-workrooms/

[49] 非同质化通证（NFT）发展报告[R]. 普华永道, 2021.

[50] O'Neill, S. The Future of Data in the Metaverse[EB/OL]. 2022-05-09[2022-10-01]. https://www.lxahub.com/stories/the-future-of-data-in-the-metaverse

[51] 李红波. 互联网巨头究竟如何布局元宇宙的？[EB/OL]. 财富, 2022-03-10[2022-10-03]. http://www.fortunechina.com/zhuanlan/c/2022-03/10/content_408062.htm

[52] 孟永辉. 元宇宙，产业互联网最真实的样子[EB/OL]. 人人都是产品经理, 2021-11-25[2022-09-20]. https://baijiahao.baidu.com/s?id=1717387730099809129&wfr=spider&for=pc

[53] 如何打造面向未来的智能网联汽车[EB/OL]. 搜狐, (2021-04-13)[2022-09-30].

[54] https://www.sohu.com/a/460601406_483389?spm=smpc.content-abroad.share.1.1618272000040XoZw5NO

读者服务

读者在阅读本书的过程中如果遇到问题，可以关注"有艺"公众号，通过公众号中的"读者反馈"功能与我们取得联系。此外，通过关注"有艺"公众号，您还可以获取艺术教程、艺术素材、新书资讯、书单推荐、优惠活动等相关信息。

投稿、团购合作：请发邮件至 art@phei.com.cn。

扫一扫关注"有艺"

反侵权盗版声明

电子工业出版社依法对本作品享有专有出版权。任何未经权利人书面许可，复制、销售或通过信息网络传播本作品的行为；歪曲、篡改、剽窃本作品的行为，均违反《中华人民共和国著作权法》，其行为人应承担相应的民事责任和行政责任，构成犯罪的，将被依法追究刑事责任。

为了维护市场秩序，保护权利人的合法权益，我社将依法查处和打击侵权盗版的单位和个人。欢迎社会各界人士积极举报侵权盗版行为，本社将奖励举报有功人员，并保证举报人的信息不被泄露。

举报电话：（010）88254396；（010）88258888
传　　真：（010）88254397
E-mail：dbqq@phei.com.cn
通信地址：北京市万寿路 173 信箱
　　　　　电子工业出版社总编办公室
邮　　编：100036